IMPRESSUM

Verantwortlich: Sonya Mayer
Produktmanagement, Redaktion und Satz:
Silke Schüler
Übersetzung aus dem Schwedischen:
Britta Bettendorf
Umschlaggestaltung: Leeloo Molnár
Korrektorat: Asta Machat
Herstellung: Barbara Uhlig

Printed in Slovakia by Neografia.

Unser komplettes Programm finden Sie unter:

 www.christian-verlag.de

**Sind Sie mit diesem Titel zufrieden?
Dann würden wir uns über Ihre Weiter-
empfehlung freuen.**
Erzählen Sie es im Freundeskreis, berichten
Sie Ihrem Buchhändler oder bewerten Sie
bei Onlinekauf. Und wenn Sie Kritik, Kor-
rekturen, Aktualisierungen haben, freuen
wir uns über Ihre Nachricht an:

Christian Verlag
Postfach 40 02 09
D-80702 München
oder per E-Mail an
lektorat@verlagshaus.de

Die Deutsche Nationalbibliothek verzeichnet
diese Publikation in der Deutschen Nationalbib-
liografie; detaillierte bibliografische Daten sind
im Internet über http://dnb.d-nb.de abrufbar.

2. Auflage 2020
Copyright © 2020 für die deutschsprachige
Ausgabe: Christian Verlag GmbH, Infanterie-
straße 11 a, 80797 München

Die schwedische Originalausgabe mit dem
Titel *Eld rök grönt* erschien erstmals 2019 bei
Bonnier Fakta, Stockholm Schweden, deutsche
Ausgabe vermittelt durch Bonnier Rights, Stock-
holm, Schweden.

Copyright © 2019 Martin Nordin, 2019
Foodfotografie: Martin Nordin
Porträt- und Moodfotografie: Oskar Falck
Grafische Gestaltung und Illustrationen:
Katy Kimbell und Li Söderberg
Redaktion der Originalausgabe: Thomas
Lundvall

Alle deutschsprachigen Rechte vorbehalten.

ISBN 978-3-95961-403-0

Martin Nordin

GRILL GEMÜSE!

80 kreative Veggie-Rezepte mit Wow-Effekt

CHRISTIAN

Ich habe schon immer gerne gegrillt, aber es ist noch nicht lange her, dass mir auffiel, was ich all die Jahre an Möglichkeiten, Aromen und Texturen verpasst habe. Das Grillen von Gemüse und das Vertiefen in dessen Verfeinerung hat meine Art zu kochen von Grund auf verändert. Es gibt so viel mehr Variationsmöglichkeiten als beim Grillen von Fleisch und die Aromen sind intensiver. Mein Repertoire war zu Beginn recht überschaubar. Ich legte einfach das klassische Grillgemüse auf den Rost des Kugelgrills, also ganze Portobellopilze, marinierte Zucchinischeiben und Mais … Und das war ja auch in Ordnung. Es war einfach und schmeckte gut, aber ich fühlte mich doch etwas eingeschränkt.

Dann hatte ich plötzlich die Eingebung, eine Aubergine direkt in die Glut zu legen, und etwa zur selben Zeit kredenzte ein Freund geräucherte Tomaten zu einem Abendessen. Plötzlich hatte sich ein ganz neues Universum offenbart. Ich entdeckte neue Möglichkeiten, Gemüse mit Feuer und Rauch zuzubereiten und dann – wie immer, wenn ich für etwas »Feuer und Flamme« bin – begann ich, meine Technik zu verfeinern. Meine Grillexperimente funktionierten öfter, als sie misslangen, und bald hantierte ich das ganze Jahr über mit Feuer und Rauch.

Ich werde oft gefragt, woher meine Ideen kommen. Darauf habe ich nicht immer eine Antwort, aber im Grunde stammt meine Inspiration aus einer Ansammlung verschiedener Eindrücke, die ich gesammelt habe und immer weiter ergänze. Das können Dinge sein, das ich gelesen oder gehört habe, oder etwas, das ich geschmeckt habe, Kindheitserinnerungen, interessante Gespräche, Fragen, die mir gestellt wurden, oder etwas Cooles, was andere gemacht haben. Dann bastele ich all das zu etwas zusammen, das sich wie etwas Neues und Eigenes anfühlt – und natürlich lecker ist, das ist ja das Wichtigste!

Seien Sie neugierig! Trauen Sie sich zu fragen! Sind Sie im Restaurant und mögen etwas, fragen Sie den Küchenchef oder den Koch, wie das Essen zubereitet wurde. Ich selbst mache das häufig und erlebe meist große Bereitschaft zum Austausch und bereitwillige Auskunft. Dann interpretieren Sie die Idee mit viel Liebe und Umsicht. Viele Gerichte hier im Buch haben ihren Ursprung in einem Gericht, das ich im Restaurant oder bei Freunden gegessen habe und dann zu Hause nachkochen wollte. Oft bin ich auf der Suche nach dieser perfekten Balance, die mir so gefiel, und finde dann währenddessen meine ganz eigene Art, das Problem zu lösen, und das führt dazu, dass sich das Gericht letztlich etwas mehr wie mein eigenes anfühlt.

Genauso sollte das Buch meiner Ansicht nach verwendet werden. Folgen Sie zunächst dem Rezept und schauen Sie, wie es Ihnen gefällt. Beim nächsten Mal kombinieren Sie es vielleicht mit einem anderen Rezept oder Sie haben, inspiriert von einem Besuch in Ihrem Lieblingsrestaurant oder der Suche nach einer Möglichkeit, übriggebliebene Lauchwurzeln zu verwenden*, eine ganz andere Idee.

*FRITTIEREN SIE LAUCHWURZELN! **Die Wurzeln zunächst gründlich putzen: In kaltem Wasser einweichen und mit einer Zahnbürste oder Ähnlichem die letzten Schmutzpartikel entfernen. Mit einem Küchentuch gut abtrocknen. Erdnussöl in einem Topf auf 190 °C erhitzen und die Wurzeln rasch darin frittieren. Gut als Topping geeignet, z.B. als fünfte Variation im Lauchrezept auf Seite 67.**

Aber natürlich hängt ein gelungenes Essen nicht nur von den Gerichten ab, auch der soziale Part trägt vom Zusammenkommen über das gemeinsame Kochen bis hin zum Relaxen am Feuer zu einem wunderbaren Erlebnis bei. Und wer weiß, vielleicht unterhalten Sie sich das nächste Mal am Grill über die ultimative Kerntemperatur von Steckrüben?

Gemüse grillen

Als ich begann, Gemüse zu grillen, verließ ich mich ganz stark auf mein Gefühl. War die Glut heiß? Nahm das Gemüse Farbe an und roch es gut? Klang es gut vom Grill und brutzelte das Gemüse, wenn ich es auf den Rost legte? So oder so ähnlich nähern sich wohl die allermeisten dem Thema Grillen und auf diese Weise macht man ja auch gute Fortschritte. Aber um sicherzugehen, genau das gewünschte Ergebnis zu erzielen, ist es sinnvoll, sich ein paar Gedanken über den Grill, die geeignete Kohle sowie die Temperatur des Grills und des Grillguts zu machen.

Ich verwende normalerweise einen Grill mit Deckel (möglichst mit Thermometer), dieser wird für das indirekte Grillen benötigt, der Grill funktioniert dann wie ein Ofen. Manchmal benutze ich auch einen Tischgrill. Er ist in Teilen Asiens beliebt und eignet sich perfekt für das gemeinsame Grillen mit Freunden – alle können sich so am Tisch um ihn versammeln. Aber natürlich kann man auch direkt über offenem Feuer grillen. Für ein größeres Fest eine Metalltonne der Länge nach aufzusägen und darin zu grillen, kann viel Spaß machen. Seien Sie kreativ – aber denken Sie auch an die Brandgefahr!

Gemüse ist auf dem Grill im Allgemeinen empfindlicher als Fleisch. Die Wahl des Brennmaterials kann sich positiv wie negativ auf den Geschmack auswirken. Ich selbst verwende meist Kohle, sie hat viele Vorteile. Kohle verhält sich präziser als Holz und eignet sich deshalb besser für das Grillen mit einem Rost, auf dem die Temperatur so gleichmäßig wie möglich verteilt sein soll. Außerdem glüht sie länger und entwickelt gleichzeitig weniger Rauch, wodurch der ursprüngliche Geschmack des Grillguts besser bewahrt wird.

Möchten Sie allerdings für eine zusätzliche Geschmacksdimension sorgen, sollten Sie mit Holz grillen. Weil es viel mehr raucht als Kohle, kann es das Grillgut mit unterschiedlichen Raucharomen verfeinern. Außerdem fühlt es sich cooler an. Es brennt, riecht und sieht einfach »echter« aus, so wie Feuer eben aussehen soll. Ich benutze gern Holzarten wie Apfel, Kirsche und überhaupt Obsthölzer, aber auch Eichenholz. Trotzdem lande ich letztendlich doch oft bei der Birke, weil sie günstiger und leichter erhältlich ist.

Briketts verwende ich persönlich selten, aber natürlich kann man sie auch verwenden. Unabhängig davon, für welches Brennmaterial Sie sich entscheiden, ist es wichtig, darauf zu achten, dass es DNV- und FSC-zertifiziert ist. So stellen Sie sicher, dass das Holz frei von Chemikalien ist und nachhaltig kultiviert wurde – gut für Sie und für die Umwelt.

Haben Sie sich für ein Brennmaterial entschieden, ist es Zeit, den Grill anzuzünden. Verwenden Sie niemals Brennflüssigkeit, besser sind Anzündkamine oder elektrische Grillanzünder. Dann muss das Gemüse nur noch direkt in die Flammen oder das gerade erloschene Feuer gelegt werden, wenn es verkohlt werden soll. Alternativ gilt es, die perfekte Glut abzuwarten, wenn schonendes

Grillen geplant ist. Wie soll man wissen, wie die perfekte Glut aussieht? Das kommt ganz darauf an, was Sie vorhaben – möchten Sie eine Zwiebel direkt auf der Glut karamellisieren lassen, oder möchten Sie vielleicht eine Steckrübe über indirekter Wärme rösten? Die Kohle ist bereit – und am heißesten –, wenn sie glüht und eine graue und ascheähnliche Oberfläche hat. Wenn die Kohle in der nächsten Phase weiß geworden ist, hat die Temperatur bereits begonnen zu sinken und es ist oft bereits etwas zu spät, um mit dem Grillen zu beginnen. Eine einfache (und unwissenschaftliche) Methode, die Temperatur zu kontrollieren, ist der Handtrick. Halten Sie Ihre Hand in einem Abstand von etwa 10 cm über die Glut. Gelingt es Ihnen nur etwa 1 Sekunde lang, die Hand dort zu belassen, ist die Kohle über 300 °C heiß. Halten Sie es etwa 2 Sekunden lang aus, sollte die Wärme zwischen 200 und 250 °C betragen, bei 3–4 Sekunden liegt die Temperatur bei 175 bis 200 °C und bei 5–7 Sekunden unter 150 °C.

Denken Sie an die Kerntemperatur

Sie finden es vielleicht eigenartig, die Kerntemperatur von Gemüse zu messen, aber so würde es Ihnen vermutlich nicht gehen, wenn es sich um Fleisch oder Fisch handelte. Versuchen Sie, den dichtesten oder »fleischigsten« Teil des Gemüses zu finden, und messen Sie dort die Temperatur. Achten Sie bitte darauf, dass beispielsweise ein großer Unterschied zwischen einem frischen Sommerweißkohl und einem gelagerten Winterexemplar besteht, das mehr Zeit benötigt, um gar zu werden. Es versteht sich von selbst, dass die Textur, abhängig von Jahreszeit, Anbaubedingungen, Wetter etc. stark variiert.

Als Faustregel kann man sich merken, dass Ihr Gemüse mit steigender Dichte eine entsprechend höhere Kerntemperatur erreichen muss, um gar zu werden. Eine Kartoffel sollte also möglichst über 95 °C haben, während die ideale Temperatur von Zucchini oder Spargel bei 75 °C liegt. Aber es kommt natürlich auch darauf an, wie das Gemüse verwendet werden soll: Eine Stange Lauch kann bei einer Kerntemperatur von 80 °C perfekt sein, wenn sie als Zutat in einem Salat ein wenig Biss haben soll. Möchte man sie allerdings essen, indem man den Inhalt wie im Rezept auf Seite 108 herauslöffelt, sollte die Kerntemperatur möglichst bei über 95 °C liegen. Das Gleiche gilt z. B. für eine für Baba Ghanoush gedachte Aubergine, dabei ist es ja Sinn der Sache, dass das Auberginenfleisch in der Schale zerkocht wird. Lassen Sie es sich nach Möglichkeit zur Gewohnheit werden, die Kerntemperatur Ihres Grillguts zu messen, damit Sie einen Vergleich haben, wenn Sie ein und dasselbe Rezept ein weiteres Mal zubereiten. Sollten Sie kein Thermometer haben, können Sie mit einem Grillspieß erfühlen, wie weich das Gemüseinnere ist.

Kochen ohne Grill

Die Zubereitung von Gemüse über offenem Feuer ist unschlagbar, wenn es darum geht, intensive Aromen zu erzeugen. Aber vergessen Sie nicht, dass Sie auch mit Ihrem normalen Herd weit kommen können. Mit einer Grillpfanne können Sie für das typische Grillmuster sorgen und den Backofen können Sie benutzen, um das Gemüse fertig zu garen. Sie werden nicht dieses wunderbare Grillaroma erhalten, aber die Zubereitung ist im Prinzip dieselbe.

1 GRILLEN AUF DEM ROST

GEGRILLTER BLUMENKOHL mit Gremolata

Für 6 Personen

Gremolata

6 EL glatte Petersilie, fein gehackt
2 EL Pinienkerne, geröstet
1 EL grüne Chilischote,
    in feine Scheiben geschnitten
1 EL Knoblauch, fein gehackt
Abrieb von 1 unbehandelten Zitrone
Meersalzflocken

2 Köpfe Blumenkohl
90 ml Rapsöl
150 g Butter
Salz

Zum Servieren
100 g Johannisbeeren,
    gewaschen und getrocknet

1. Den Grill anheizen und zu einer schönen gleichmäßigen Glut herunterbrennen lassen. Einen kleineren Bogen Backpapier auf einen etwas größeren Bogen Alufolie legen und daraus ein Paket formen, um darin den Blumenkohl zu garen. Paket und einen Deckel für den Grill bereithalten.

2. Alle Zutaten für die Gremolata in einer Schüssel vermengen.

3. Die Blumenkohlköpfe waschen, putzen und trocken tupfen. Dann vom Strunk aus in drei Scheiben schneiden und die Oberflächen dünn mit dem Rapsöl bepinseln.

4. Die Blumenkohlscheiben grillen, bis sie Farbe annehmen. Auf das Backpapier legen und die Butter und etwas Salz darauf verteilen. Das Paket verschließen, an einer weniger heißen Stelle erneut auf den Grill legen und den Deckel schließen.

5. Nach etwa 30 Minuten das Paket öffnen und prüfen, ob der Blumenkohl schön goldbraun und bereits etwas weich geworden ist. Die Röschen sollen auf leichten Druck nachgeben. Wird die Kerntemperatur gemessen, ist der Blumenkohl fertig, wenn sie im Strunk etwa 80 °C beträgt.

6. Die Blumenkohlscheiben auf Tellern anrichten, je 1 EL Gremolata darauf verteilen und mit Johannisbeeren bestreuen.

GESCHMACKSVERSTÄRKER **Verwenden Sie für die Gremolata (auch) die Petersilienstängel und schneiden Sie sie in dünne Scheiben. Sie sorgen für einen unglaublich guten und intensiven, leicht bitteren Petersiliengeschmack, der die übrigen Aromen in diesem Gericht fein ausbalanciert.**

GEGRILLTER MAIS mit Pecorinosauce

Für 6 Personen

Salz
6 Maiskolben mit Blättern
150 g weiche Butter
2 Knoblauchzehen, fein gehackt

Zitronenöl
90 ml Rapsöl
Zesten von ½ unbehandelten Zitrone

Pecorinosauce
2 Schalotten, fein gehackt
2 EL Butter
1 EL Weißweinessig
200 g Schlagsahne
200 g Pecorino, gerieben (alternativ
    anderer Hartkäse, z.B. Parmesan)
Meersalzflocken

Zum Servieren
fermentierte Brutzwiebelchen (Seite 174)

1. Leicht gesalzenes Wasser in einem großen Topf zum Kochen bringen.
2. Die Maisblätter zurückklappen und die Fäden zwischen den Maiskolben und den Blättern entfernen. Die Kolben mit der Spitze nach unten für etwa 5 Minuten ins kochende Wasser geben. Aus dem Topf nehmen und die Blätter wieder um die Kolben schließen.
3. Die Butter und den Knoblauch in einer Schüssel vermengen und beiseitestellen.
4. Das Rapsöl mit den Zitronenzesten in einem kleinen Topf erhitzen. Wenn es zu sieden beginnt, den Topf vom Herd nehmen und etwa 10 Minuten ziehen lassen, damit es das Zitronenaroma aufnehmen kann. Die Zitronenzesten entfernen und das Öl beiseitestellen.
5. Die Schalotten bei niedriger Temperatur in der Butter glasig anschwitzen und den Essig dazugeben. Rühren, bis der Essig von den Schalotten absorbiert ist. Die Sahne unterrühren und für etwa 3 weitere Minuten kochen. Die Sauce glatt pürieren und den geriebenen Käse unterrühren. Mit Salz abschmecken.
6. Den Grill anheizen. Noch während die Kohle brennt, die Maiskolben auf den Grillrost legen. Die Kolben grillen, bis die Blätter ringsum beinahe völlig schwarz sind – sie funktionieren wie eine Schutzhülle um den Mais.
7. Vom Grill nehmen, die Blätter zurückklappen und die Maiskolben mit der Knoblauchbutter bestreichen.
8. Je etwas Sauce auf Teller geben und einen Maiskolben darauflegen. Das Zitronenöl darüberträufeln und mit ein paar fermentierten Brutzwiebelchen garnieren.

GEGRILLTE ERBSEN UND FRÜHLINGS-ZWIEBELN mit Minze und Bohnensprossen

Für 6 Personen

12 kleine Frühlingszwiebeln
3 EL Olivenöl
1 kg Erbsen in der Schote
60 g Bohnensprossen,
    gewaschen und getrocknet
frische Minze, gezupft
Meersalzflocken

1. Den Grill anheizen und zu einer sanften Glut herunterbrennen lassen.
2. Die Frühlingszwiebeln waschen, putzen, trocken tupfen und mit etwas Grün der Länge nach halbieren. Die Schnittflächen mit etwas Olivenöl bepinseln. Die Frühlingszwiebeln für etwa 10 Minuten auf den Grillrost legen, bis sie Farbe angenommen haben und weicher werden. Wenden und für etwa 5 Minuten auf der anderen Seite grillen. In eine große Schüssel geben und beiseitestellen.
3. Die Erbsenschoten für etwa 5 Minuten auf den Grillrost legen, bis die Schalen langsam schwarz werden. Wenden und für weitere 5 Minuten rösten. Vom Grill nehmen, die Erbsen palen und in die Schüssel mit den Frühlingszwiebeln geben.
4. Das übrige Olivenöl darüberträufeln und die Bohnensprossen sowie die Minze dazugeben. Mit den Händen alles locker vermengen und mit Salz abschmecken. Auf einer großen Platte anrichten und als Beilage oder als Vorspeise servieren.

SHIITAKEPILZE mit Whisky-Miso-Marinade

Für 6 Personen

Whisky-Miso-Marinade
4 EL Whisky
4 EL Rapsöl
2 EL dunkle Misopaste
2 EL *tamari* (glutenfreie Sojasauce)
Saft von ½ Limette
1 EL Rohrzucker
1 Knoblauchzehe
1 TL Sesamöl

600 g Shiitakepilze

Zum Servieren
6 Eigelb von frischen Bio-Eiern
1 EL frischer Thymian
Meersalzflocken
Kornblumenblüten (optional)

1. Alle Zutaten für die Marinade mit einem Stabmixer oder einer Küchenmaschine pürieren.

2. Die Pilze putzen und in 3–4 cm dicke Scheiben schneiden. Auf einem Bogen Backpapier ausbreiten und mit der Marinade bepinseln. Wenden und die andere Seite bestreichen.

3. Die Grillkohle anzünden und zu einer schönen sanften Glut herunterbrennen lassen. Die Pilze auf dem Rost grillen, wenden und von Zeit zu Zeit mit der Marinade bepinseln. Sind sie schön goldbraun karamellisiert, sind sie fertig.

4. Die Pilze auf Tellern anrichten. Je 1 Eigelb auflegen und mit Thymian und Meersalzflocken bestreuen. Nach Belieben mit Kornblumenblüten garnieren.

17

MIT BIER MARINIERTE AUBERGINE
mit Tomatensauce und Shiitakepilzen

Für 6 Personen

3 große Auberginen

Marinade
330 ml dunkles Bier
2 Knoblauchzehen, leicht zerdrückt
2 EL Malzessig
2 TL Salz

Tomatensauce
6 große Tomaten
2 kleine Zwiebeln, fein gehackt
2 EL Olivenöl
1 EL Tomatenmark
1 EL Weißweinessig
1 EL Hagebuttenpulver (im Naturkosthandel
    oder online erhältlich)
100 ml Pilzfond
Salz

Shiitakepilze
2 EL Rapsöl
300 g Shiitakepilze, geputzt
2 EL Butter
Salz
1 EL Whisky (optional)

Zum Servieren
2–3 Stängel frischer Koriander

1. Die Auberginen waschen, trocken tupfen und in 1–1½ cm dicke Scheiben schneiden.
2. Alle Zutaten für die Marinade in einem Plastikbeutel vermengen. Die Auberginenscheiben dazugeben und durch die Tüte hindurch kneten, damit die Marinade sich gleichmäßig verteilt. Im Kühlschrank 7–8 Stunden ziehen lassen. Von Zeit zu Zeit herausnehmen und die Tüte schütteln.
3. Die Tomaten halbieren und grob in eine Schüssel reiben. In der Hand sollen nur die Tomatenhäute zurückbleiben.
4. Die Zwiebeln mit dem Olivenöl bei mittlerer Temperatur in einer Pfanne leicht anrösten. Das Tomatenmark dazugeben und die Temperatur etwas erhöhen. Etwa 5 Minuten rühren, bis die Farbe des Tomatenmarks intensiver und dunkler wird. Den Essig, das Hagebuttenpulver, den Pilzfond und die geriebenen Tomaten hinzufügen. Mit Salz abschmecken und 20–30 Minuten bei niedriger Temperatur köcheln lassen. Die Tomatensauce sorgfältig durch ein grobmaschiges Sieb streichen.
5. Die Grillkohle anzünden und zu einer schönen gleichmäßigen Glut herunterbrennen lassen. Die Auberginenscheiben aus der Marinade nehmen. Auf Küchenpapier auslegen und die Schnittflächen trocken tupfen. Die Auberginenscheiben grillen, bis sie schön geröstet sind.
6. Für die Shiitakepilze das Rapsöl bei mittlerer Temperatur in einer Pfanne erhitzen. Die Pilze hineingeben und braten, bis sie Farbe annehmen. Die Temperatur etwas reduzieren und die Butter dazugeben. Die Pilze sorgfältig in der Butter schwenken und mit Salz abschmecken. Nach Belieben den Whisky zugeben und ein paar weitere Minuten braten.
7. Etwas Tomatensauce auf tiefe Teller geben, die Auberginenscheiben und die Pilze darauf anrichten und mit Korianderblättern bestreuen.

GEGRILLTER SPARGEL mit Burrata, Eigelb und Kumquatsauce

Für 6 Personen

Kumquatsauce

12 Kumquats, in feine Scheiben geschnitten
2 TL frische Kurkumawurzel, gerieben
1 Vanilleschote, der Länge nach halbiert
3 Kapseln Sternanis
140 g Honig

1 kg grüner Spargel,
    im unteren Drittel geschält
2 EL Rapsöl

Zum Servieren

6 Kugeln Burrata
6 Eigelb von frischen Bio-Eiern
6 EL geröstete Buchweizenkerne (Seite 170)
Schnittlauchblüten (alternativ andere
    Zwiebelblüten)
6 TL Lauchasche (Seite 67)

1. Den Grill anheizen und zu einer schönen Glut herunterbrennen lassen.

2. Alle Zutaten für die Kumquatsauce bei hoher Temperatur in einem Topf zum Kochen bringen. Etwa 10 Minuten kräftig kochen lassen, bis die Sauce einzudicken und stark zu schäumen beginnt. In eine Schüssel sieben und dabei so viel wie möglich des Kumquatfruchtfleisches durch das Sieb drücken.

3. Die Spargelstangen mit dem Rapsöl in einer Schüssel gut vermengen. Dann auf den Grill legen und etwa 5 Minuten lang immer wieder vor- und zurückrollen und darauf achten, dass sie nicht zu dunkel werden. Vom Grill nehmen.

4. Die Burratakugeln mit den Händen in der Mitte teilen, dabei aber nicht ganz zertrennen. Auf Tellern anrichten und die Sahne herausfließen lassen. Die Spargelstangen danebenlegen, ein Eigelb auf die Burrata legen und einritzen, sodass das Gelb herausläuft. Kumquatsauce darüberträufeln und mit Buchweizenkernen, Schnittlauchblüten und Lauchasche bestreuen.

GRILLEN SIE DIE STIELE **DIE STIELE VON SCHNITTLAUCHBLÜTEN ODER ZWIEBELBLÜTEN SIND ROH BEINAHE UNGENIESSBAR, SIE SIND HART UND HOLZIG. GRILLT MAN SIE ABER, SCHMECKEN SIE GUT UND ENTWICKELN EINE FEINE ZWIEBELNOTE.**

MEZCAL mit gegrillter Grapefruit

Für 6 Drinks

6 rosa Grapefruits (gegrillt und
    ausgepresst etwa 600 ml Saft)
12 EL Rohrzucker
60 ml Rote-Bete-Saft
360 ml Mezcal (alternativ rauchiger Tequila)
Eiswürfel
600 ml Sodawasser

1. Den Grill anheizen. Die Grapefruits halbieren, die Schnittflächen mit je 1 EL Zucker bestreuen und mit den Fingern in das Fruchtfleisch drücken. Ein paar Minuten warten, bis der Zucker vom Saft aufgelöst ist. Die Grapefruithälften mit den Schnittflächen nach unten auf den Grillrost direkt über der noch brennenden Kohle legen. Die Flammen dürfen den Zucker und das Fruchtfleisch ruhig ein wenig verbrennen.
2. Den Saft der Grapefruits durch ein Sieb in eine Schüssel auspressen. Den Rote-Bete-Saft und den Mezcal dazugeben und umrühren.
3. Eiswürfel in Gläser geben und etwa 170 ml Flüssigkeit aus der Schüssel pro Glas auffüllen. Mit je 100 ml Sodawasser aufgießen und vorsichtig umrühren.

GARNIEREN WIE EIN PROFI **Garnieren Sie den Drink mit etwas gegrillter Grapefruit. Schneiden Sie dazu eine dünne Scheibe von der gegrillten Seite ab, bevor Sie den Saft auspressen.**

BURGER AUS SCHWARZEN BOHNEN UND KRÄUTER-SEITLING

Für 6 Personen

Rapsöl
1 kleine Zwiebel, fein gehackt
1 TL Tabasco (alternativ Louisiana Hot Sauce,
    Seite 175)
3 EL HP Sauce (im gut sortierten
    Supermarkt oder online erhältlich)
2 große Kräuterseitlinge
50 g Walnusskerne, gehackt
mildes Chilipulver (z. B. Piment d'Espelette)
Meersalzflocken
450 g gekochte schwarze Bohnen
2 EL glatte Petersilie, fein gehackt
80 g gekochte Belugalinsen
100 g Haferbrei

Zum Servieren
2–3 rote Paprikaschoten
6 Burgerbrötchen
1 EL Olivenöl
1 EL Butter
6 Eier
6 EL Mayonnaise

1. Etwas Rapsöl bei hoher Temperatur in einer Pfanne erhitzen und die Zwiebel darin anbraten, bis sie beinahe schwarz ist. Die Temperatur reduzieren, den Tabasco und die HP Sauce unterrühren und vom Herd nehmen.

2. Die Pilze in 1½ cm große Würfel schneiden. Reichlich Öl bei mittlerer Temperatur in einer Pfanne erhitzen. Die Pilze hineingeben und etwa 20 Minuten braten, bis sie weich werden. Das Öl abgießen.

3. Die Walnüsse bei mittlerer Temperatur in einer gusseisernen Pfanne ohne Fett etwa 2 Minuten rösten, bis sie langsam etwas Farbe annehmen. Die Pfanne von Zeit zu Zeit schütteln, damit die Nüsse nicht verbrennen. Die Pfanne vom Herd nehmen und mit Chili und Salz würzen.

4. Die Walnüsse zusammen mit den Bohnen, der Petersilie, den Linsen, dem Haferbrei, den Pilzen und einer Prise Salz in eine Schüssel geben. Mit einem Kartoffelstampfer vermengen (die Bohnen sollen nur leicht zerstampft werden) und die Zwiebelmischung unterrühren.

5. Die Masse mit den Händen oder mithilfe eines Servierrings zu sechs runden Burgern formen. Auf eine Platte legen und mit Frischhaltefolie abdecken. Für mindestens 1 Stunde in den Kühlschrank stellen, so halten sie beim Grillen besser zusammen.

6. Den Grill anheizen und die Paprikaschoten rundherum stark rösten, bis sie außen schwarz werden. In einen Plastikbeutel geben und etwa 10 Minuten abkühlen lassen. Dann die Häute durch Kneten von außen durch den Beutel entfernen. Die Paprikaschoten in gleich große Stücke schneiden.

7. 2–3 EL Öl in einer gusseisernen Pfanne erhitzen. Die Burger bei mittlerer Temperatur ein paar Minuten auf jeder Seite anbraten. Dann auf den Grillrost legen, den Deckel schließen und über indirekter Wärme 10–15 Minuten grillen.

8. Die Schnittflächen der Brötchen mit dem Olivenöl bepinseln und kurz auf dem Grillrost rösten. Die gusseiserne Pfanne auswischen und 1 EL Butter hineingeben. Zurück auf den Grill stellen und die Eier braten.

9. Je 1 EL Mayonnaise auf die Brötchen klecksen und einen Burger darauflegen. Die gegrillten Paprikaschoten, Petersilie und die gebratenen Eier obenauf legen.

ZUCCHINI-MUNGBOHNEN-BURGER
mit Sriracha-Mayonnaise und Furikake

Für 6 Personen

200 g Zwiebeln, fein gehackt
2 EL Rapsöl
150 g gekochter Reis
200 g Zucchini
300 g gekochte Mungbohnen
50 g Buchweizenmehl
1 EL koreanische Chiliflocken
    (im Asialaden oder online erhältlich)
1 EL Sesamsamen
1 TL natives Kokosöl
1 TL geröstetes Sesamöl
1 Msp. Fünf-Gewürze-Pulver
    (im Asialaden oder online erhältlich)

Zum Servieren

6 Burgerbrötchen
Butter
Salatblätter
Frühlingszwiebeln, fein gehackt
Bohnensprossen, gewaschen und getrocknet
6 EL Sriracha-Mayonnaise (Seite 166)
6 TL Furikake (Seite 170)

1. Die Zwiebeln mit 1 EL Rapsöl in einen Topf geben, bei mittlerer Temperatur erhitzen und einen Deckel auflegen. Nach kurzer Zeit werden die Zwiebeln Flüssigkeit abgeben, die Aromen werden durch das Dünsten im eigenen Saft verstärkt. 30 Minuten lang etwa alle 5 Minuten umrühren.

2. Die Zwiebeln mit dem Reis in einem Mixer glatt pürieren.

3. Die Zucchini waschen, putzen und trocken tupfen. Dann in dünne Stifte schneiden und zusammen mit der Zwiebel-Reis-Mischung und den übrigen Zutaten in eine Schüssel geben. Alles gut vermengen (die Bohnen sollen dabei nur leicht zerdrückt werden).

4. Die Masse mit den Händen oder mithilfe eines Servierrings zu sechs runden Burgern formen. 1 EL Rapsöl in einer Pfanne erhitzen und die Burger etwa 1 Minute auf jeder Seite anbraten, bis sie ein wenig Farbe annehmen. Die Burger auf ein Backblech legen und abkühlen lassen. Mit Frischhaltefolie abdecken und zum Festwerden für mindestens 1 Stunde in den Kühlschrank stellen.

5. Den Grill anheizen und zu einer schönen gleichmäßigen Glut herunterbrennen lassen. Die Schnittflächen der Brötchen mit Butter bestreichen und auf dem Grillrost rösten. Im Anschluss die Burger zum Aufwärmen und für eine noch knusprigere Oberfläche auf beiden Seiten grillen.

6. Die Burgerbrötchen jeweils mit ein paar Salatblättern und einem Burger belegen. Frühlingszwiebeln, Bohnensprossen und je 1 EL Sriracha-Mayonnaise daraufgeben und mit Furikake bestreuen.

MIT HARISSA MARINIERTE AUBERGI-NENBURGER mit Baba Ghanoush und Dukkah

Für 6 Personen

Harissamarinade

4 EL Rapsöl
2 EL Harissa (Seite 171)
1 Msp. gemahlener Kreuzkümmel
Saft von 1 Limette
1 EL Rohrzucker
1 Knoblauchzehe

2 mittelgroße Auberginen (etwa 600 g)

Baba Ghanoush

2 mittelgroße Auberginen (etwa 600 g)
2 Knollen Soloknoblauch mit Schale
Saft von ½ Zitrone
1 TL mildes Chilipulver (z.B. Piment
    d'Espelette)
90 ml Olivenöl
Meersalzflocken

Zum Servieren

6 Burgerbrötchen
1 EL Olivenöl
Abrieb von 1 unbehandelten Limette
Dukkah (Seite 168)

1. Alle Zutaten für die Harissamarinade mit einem Stabmixer pürieren.
2. Die Auberginen in 1 cm dicke Scheiben schneiden. Die Harissamarinade in einen Plastikbeutel füllen und die Auberginenscheiben dazugeben. Die Auberginenscheiben von außen durch den Plastikbeutel mit der Marinade verkneten, sodass diese gleichmäßig verteilt wird. Im Kühlschrank 7–8 Stunden ziehen lassen. Währenddessen von Zeit zu Zeit aus dem Kühlschrank nehmen und den Beutel etwas schütteln.
3. Die Grillkohle anzünden. Für das Baba Ghanoush die Auberginen einige Male mit einem Zahnstocher einstechen und sie direkt auf die Glut im Grill legen, auch wenn die Kohle noch brennt. Etwa 15 Minuten grillen, bis sie außen vollständig verkohlt und innen weich sind. Nach 5–10 Minuten die Knoblauchknollen in die Glut legen und ebenfalls grillen, bis sie innen weich sind. Den Knoblauch und die Auberginen aus der Glut nehmen und so weit abkühlen lassen, dass sie mit den Händen weiterverarbeitet werden können.
4. Die Auberginen der Länge nach halbieren und mit einem Löffel das Fruchtfleisch herausschaben. Die Knoblauchknollen ebenfalls halbieren und das Innere herauslöffeln. Den Knoblauch und das Auberginenfleisch in eine große Schüssel geben. Den Zitronensaft, das Chilipulver und 1 EL Olivenöl hinzugeben und alles zu einer homogenen Masse vermengen. Das übrige Olivenöl unter kräftigem Rühren nach und nach zugießen. Mit Salz abschmecken.
5. Die Auberginenscheiben aus der Marinade nehmen, auf Küchenpapier legen und die Schnittflächen trocken tupfen. Auf Holzspieße stecken und auf dem Rost grillen. Von Zeit zu Zeit wenden und mit etwas Marinade bepinseln. Haben die Auberginenscheiben eine schön goldrote karamellisierte Oberfläche, sind sie fertig. Vom Grill nehmen und nochmals bepinseln und beiseitelegen.
6. Die Schnittflächen der Brötchen mit Olivenöl bepinseln und rasch auf dem Grillrost grillen.
7. Je 2–3 Auberginenscheiben auf die untere Hälfte der Brötchen legen, 2 EL Baba Ghanoush daraufklecksen, etwas Limettenabrieb darüberstreuen und mit Dukkah bestreuen.

31

In Japan und Korea sind Tisch-
grills üblich. Sie sind so gebaut,
dass sie schöne und gleichmäßige
Hitze erzeugen. Oft werden sie tat-
sächlich sehr heiß, passen Sie also
beim Grillen gut auf. Stecken Sie
das Grillgut auf einen Spieß oder
benutzen Sie eine Zange, um es bei
Bedarf gut wenden zu können. In
einen Tischgrill zu investieren be-
deutet eine Investition in »soziales
Grillen«! Es ist einfach schön,
wenn man sich gemeinsam um
den Grill versammelt, und einfach
zu benutzen ist er außerdem.

MIT HARISSA MARINIERTE SÜSS-KARTOFFELN mit gegrilltem Kohl und Dukkah

Für 6 Personen

Harissamarinade
4 EL Rapsöl
2 EL Harissa (Seite 171)
1 Msp. gemahlener Kreuzkümmel
Saft von 1 Limette
1 EL Rohrzucker
1 Knoblauchzehe

2 mittelgroße Süßkartoffeln
1 EL Rapsöl
½ TL Salz
120 g Kohlblätter

Zum Servieren
schwarzes Dukkah (Seite 168)
Oregano
Meersalzflocken

1. Alle Zutaten für die Marinade mit einem Stabmixer pürieren.
2. Die Süßkartoffeln waschen, abbürsten und sorgfältig trocken tupfen. In etwa 1 cm dicke Scheiben schneiden und auf einem Bogen Backpapier auslegen. Auf beiden Seiten mit der Marinade bepinseln.
3. Die Grillkohle anzünden und zu einer schönen sanften Glut herunterbrennen lassen. Die Süßkartoffelscheiben auf dem Rost grillen, von Zeit zu Zeit wenden und mit der Marinade bepinseln. Haben die Süßkartoffelscheiben eine schön goldrote karamellisierte Oberfläche, sind sie fertig. Vom Grill nehmen, nochmals bepinseln und beiseitelegen.
4. In einer Schüssel zunächst das Rapsöl und das Salz in die Kohlblätter einmassieren und sie dann auf den Grill legen. Die Blätter immer wieder wenden, sodass beide Seiten Farbe annehmen. Sie sind innerhalb kürzester Zeit fertig.
5. Die Kohlblätter auf Tellern anrichten, die Süßkartoffelscheiben darauf verteilen und mit Dukkah, Oregano und grobem Meersalz bestreuen.

MIT SRIRACHA MARINIERTER
BROKKOLI mit Shiitake-Shiso-Bouillon

Für 6 Personen

Marinade

3 EL Rapsöl
2 EL *tamari* (glutenfreie Sojasauce)
1 EL Srirachasauce (im Asialaden erhältlich)
1 TL Essigessenz
1 TL helle Misopaste
1 TL Rohrzucker
1 Knoblauchzehe
1 TL geröstetes Sesamöl

2 große Köpfe Brokkoli (300–400 g)

Shiitake-Shiso-Bouillon

20 g getrocknete Shiitakepilze
¼ Lauchstange (etwa 6 cm des weißen Teils)
2 EL kaltgepresstes Rapsöl
4–5 frische Shiitakepilze, geputzt
2 Knoblauchzehen mit Schale, leicht zerdrückt
2 EL *sake* (japanischer Reiswein)
1 EL *mirin* (süßer japanischer Reiswein)
1 TL frische Ingwerwurzel, gerieben
4–5 Kapseln Szechuanpfeffer
1 Streifen Schale von 1 unbehandelten
    Limette (etwa 1 cm breit)
500 ml Gemüsebrühe (Seite 162)
2–3 große Shisoblätter

Zum Servieren

2 EL frischer Oregano, gezupft
2 EL kleine Shisoblätter
1 EL grüne Chilischote, klein gehackt
6 TL geröstetes Sesamöl

1. Alle Zutaten für die Marinade mit einem Stabmixer pürieren.
2. Die Brokkoliköpfe waschen, putzen und trocken tupfen. Die kleinen grünen Brokkoliknospen mit einem Messer abtrennen und bis zum Servieren beiseitelegen. Den Brokkoli jeweils der Länge nach in 4 Teile schneiden und diese wiederum quer in jeweils 4 Stücke teilen.
3. Die Brokkolistücke auf Grillspieße stecken, mit der Marinade bepinseln und auf ein Backblech legen.
4. Für die Bouillon 500 ml Wasser zum Kochen bringen. Die getrockneten Pilze in eine Schüssel geben, mit dem kochenden Wasser übergießen, abdecken und 20 Minuten ziehen lassen. In ein Sieb abgießen (die Flüssigkeit aufbewahren), mit Küchenpapier trocken tupfen und beiseitelegen. Den Lauch in feine Streifen schneiden. Das Rapsöl in einem Kochtopf bei mittlerer Temperatur erhitzen. Den Lauch dazugeben und etwa 10 Minuten glasig anschwitzen, bis er weich ist. Die frischen Pilze und den Knoblauch dazugeben und unter Rühren etwa 5 Minuten anbraten. Die übrigen Zutaten außer den Shisoblättern dazugeben und alles gut miteinander verrühren. Die Temperatur erhöhen, das Pilzwasser dazugießen, etwa 10 Minuten kochen und etwas einreduzieren lassen. Vom Herd nehmen, die Shisoblätter hineingeben und den Topf abgedeckt weitere 20 Minuten stehen lassen. Die Bouillon in einen anderen Topf abseihen und warm halten.
5. Die Grillkohle für den Tischgrill anzünden und zu einer schönen sanften Glut herunterbrennen lassen. Die Bokkolispieße ohne Rost grillen und wegen der hohen Temperatur zu Beginn regelmäßig wenden. Immer wieder mit der Marinade bepinseln. Ist der Brokkoli außen schön karamellisiert, ist er fertig. Vom Grill nehmen und nochmals bepinseln.
6. Die Bouillon auf tiefen Tellern anrichten. Je einen Spieß darauflegen, mit Brokkoliknospen, Kräutern und Chili bestreuen und geröstetes Sesamöl darüberträufeln.

APFEL-ROSENKOHL-SPIESSE
mit in Whisky eingelegten Senfsamen

Für 6 Personen

5 kleine Äpfel, geviertelt
18 Rosenkohlröschen, geputzt
6 EL Butterschmalz, geschmolzen
3 Zitronen
3 TL Rohrzucker

Zum Servieren
in Whisky eingelegte Senfsamen (Seite 174)

1. Je drei Apfelviertel und drei Rosenkohlröschen abwechselnd auf Grillspieße stecken. Die Spieße auf ein Backblech legen und mit Butterschmalz bepinseln.

2. Die Grillkohle im Tischgrill anzünden und zu einer schönen sanften Glut herunterbrennen lassen. Die Apfel-Rosenkohl-Spieße ohne Rost grillen und wegen der hohen Temperatur zu Beginn regelmäßig wenden. Immer wieder mit Butterschmalz bepinseln. Sind die Äpfel außen schön karamellisiert und die Rosenkohlröschen leicht verbrannt, sind die Spieße fertig. Beiseitestellen und nochmals mit Butterschmalz bepinseln.

3. Den Rost auf den Grill legen. Die Zitronen halbieren und den Zucker auf die Schnittflächen streuen. Mit den Fingern etwas festdrücken, damit der Zucker etwas in das Fruchtfleisch eindringt. Die Zitronen mit den Schnittflächen nach unten grillen, bis sie etwas Farbe annehmen und der Zucker karamellisiert.

4. Die Spieße mit je einer Zitronenhälfte auf Brettchen oder Tellern anrichten und mit eingelegten Senfsamen bestreuen.

KRÄUTERSEITLINGE à la Hasselbacken

Für 6 Personen

Marinade
4 EL Rapsöl
1 EL helle Misopaste
1 EL *tamari* (glutenfreie Sojasauce)
Saft von ½ Limette
1 TL Honig
1 Knoblauchzehe
1 TL Sesamöl

6 große Kräuterseitlinge, geputzt

Suppe
3 EL geräuchertes Rapsöl
   (geräucherte Zwiebeln auf Seite 172)
80 g Schalotten, fein gewürfelt
100 ml Sherry
200 ml Gemüsebrühe (Seite 162)
1 TL helle Misopaste
600 ml Mandelmilch

6 geräucherte Zwiebelhälften (Seite 172)

Zum Servieren
Meersalzflocken

1. Alle Zutaten für die Marinade mit einem Stabmixer pürieren.
2. Die Pilze auf Grillspieße stecken und im Abstand von 4–5 mm fächerartig diagonal einschneiden. Die Pilze wenden und den Vorgang wiederholen. Mit der Marinade bepinseln und auf ein Backblech legen.
3. Das geräucherte Rapsöl mit den Schalotten bei mittlerer Temperatur in einem Topf erhitzen. Unter stetigem Rühren etwa 10 Minuten glasig anschwitzen. Mit dem Sherry ablöschen, die Temperatur erhöhen und 5 Minuten kochen. Die Gemüsebrühe, die Misopaste und die Mandelmilch hinzugeben und bei reduzierter Temperatur gründlich aufschlagen, damit alles gut vermengt wird. Weitere 10 Minuten köcheln lassen. Vom Herd nehmen und die Suppe mit einem Stabmixer glatt pürieren. Einen Deckel auflegen und beiseitestellen.
4. Die Grillkohle im Tischgrill anzünden und zu einer schönen sanften Glut herunterbrennen lassen. Die Pilze ohne Rost grillen und wegen der hohen Temperatur zu Beginn regelmäßig wenden. Immer wieder mit der Marinade bepinseln. Sind die Pilze schön goldbraun karamellisiert, sind sie fertig. Vom Grill nehmen und nochmals bepinseln. Den Rost auf den Tischgrill legen und die geräucherten Zwiebelhälften grillen, bis sie heiß und außen leicht verbrannt sind. Mit dem geräucherten Öl bepinseln und beiseitestellen.
5. Die Suppe in Schälchen oder auf tiefen Tellern anrichten. Die Zwiebeln zerteilen und in die Suppe legen. Die Pilze dazugeben und mit Meersalzflocken bestreuen.

41

MAIRÜBCHEN am Spieß mit gegrilltem Blattkohl und säuerlicher Tomatensauce

Für 6 Personen

12 kleine Mairübchen, halbiert
Rapsöl
300 g Kohlblätter (z.B. von Palm-
    oder Grünkohl)
1 TL Salz

Zum Servieren
Dill
Fenchelblüten (alternativ Fenchelkraut)
mildes Chilipulver (z.B. Piment d'Espelette)
Meersalzflocken
600 ml fermentierte gelbe Tomatensauce
    (Seite 164)

1. Den Grill anheizen und zu einer gleichmäßigen schönen Glut herunterbrennen lassen.
2. Je vier Mairübchenhälften auf einen Grillspieß stecken und mit Rapsöl bepinseln. Mit der Schnittfläche nach unten für 3–4 Minuten auf den Grillrost legen, bis sie ganz leicht Farbe annehmen. Wenden, auf der anderen Seite grillen und darauf achten, dass sie nicht schwarz werden. Die Spieße in Folie wickeln und beiseitelegen.
3. Die Kohlblätter in eine Schüssel geben und mit etwas Öl beträufeln. Das Salz darüberstreuen und in die Blätter einmassieren. Auf einem Rost oder in einem Edelstahlsieb (siehe Tipp auf Seite 56) grillen, bis sie knusprig sind und leicht Farbe angenommen haben. Beiseitestellen.
4. Die Kohlblätter auf tiefen Tellern anrichten und je einen Spieß obenauf legen. Mit Dill, Fenchelblüten, Chili und Salz bestreuen. Die Tomatensauce separat dazu servieren.

SANGRITAS aus gegrillten Chilis und Sauerbier

Für 6 Drinks

12 rote Chilischoten (Schärfe nach Belieben)
1 TL Meersalzflocken
½ TL schwarze Pfefferkörner
½ TL Koriandersamen
240 ml Tomatensaft

Zum Servieren

6 TL mildes Chilipulver (z.B. Piment
    d'Espelette)
3 TL Salz
1 Limettenspalte
Eiswürfel
1,2 l Sauerbier (eine fruchtige Variante
    mit Zitrusfrucht- oder Beerennote)
6 Shots Mezcal à 6 cl

1. Den Grill anheizen und noch während das Feuer brennt, die Chilischoten rundherum stark grillen, bis sie außen schwarz sind. Zusammen mit dem Salz in einen Plastikbeutel geben und in ihrem eigenen Dampf schwitzen lassen. Nach 10–15 Minuten die abgekühlten Chilischoten von außen durch die Tüte kneten und so die Häute entfernen. Die Schoten herausnehmen und der Länge nach halbieren. Die Kerne entfernen, aber aufbewahren.

2. Eine gusseiserne Pfanne ohne Fett bei mittlerer Temperatur erhitzen. Die Pfefferkörner und die Chili- und Koriandersamen goldbraun rösten, bis sie duften. Dann in einem Mörser grob zerstoßen.

3. Die Chilischoten und die Gewürze zusammen mit dem Tomatensaft in einem Mixer glatt pürieren. In eine Schüssel sieben.

4. Das Chilipulver mit dem Salz auf einem Teller mischen. Mit der Limettenspalte über je ¼ des Glasrands streichen und diesen dann in die Chili-Salz-Mischung tauchen. Eiswürfel in die Gläser geben und mit je 50 ml Tomaten-Chilisaft aufgießen. Mit je 200 ml Sauerbier auffüllen und vorsichtig umrühren. Zusammen mit einem Shot Mezcal servieren.

FERMENTIERTE Kartoffeltortillas

Für 6 Personen

Fermentierte Kartoffeln
600 g große mehligkochende Kartoffeln
9 g Salz, nicht jodiert

Kartoffeltortillas
500 g fermentierte Kartoffeln
   (inkl. Flüssigkeit)
175 g Weizenmehl Type 550
25 g Roggenvollkornmehl
   (plus mehr zum Bemehlen)
Rapsöl

Tortillapresse

1. Den Backofen auf 180 °C (Ober-/Unterhitze) vorheizen. Die Kartoffeln für etwa 1 Stunde backen. Aus dem Ofen nehmen und etwas abkühlen lassen. Das Kartoffelinnere herauslöffeln und etwa 500 g in eine Schüssel geben.

2. Das Salz zugeben und untermengen, ohne dabei die Kartoffeln allzu sehr zu zerdrücken. Die Masse in verschließbare Plastikbeutel füllen und so viel Luft wie möglich herauspressen. Die Beutel 3–4 Tage bei Zimmertemperatur liegen lassen. Sie werden sich etwas aufblähen und es wird sich Flüssigkeit bilden. Die Beutel von Zeit zu Zeit wenden.

3. Nach 3–4 Tagen haben Milchsäurebakterien allen verfügbaren Zucker zersetzt und die Kartoffeln sind fermentiert. Nun entweder direkt den Teig herstellen oder die Kartoffeln bis zur Weiterverarbeitung im Kühlschrank aufbewahren.

4. Die fermentierten Kartoffeln mit der Flüssigkeit in eine Schüssel geben, das Weizen- und Roggenvollkornmehl nach und nach untermengen und die Masse mit den Händen zu einem Teig verarbeiten. Er soll etwas klebrig sein, aber gut zusammenhalten. Ist er zu trocken, nach und nach etwas Wasser zugeben, bis er weich und geschmeidig ist. Den Teig zu einer Kugel formen.

5. Den Teig in kleinere Stücke portionieren und diese zu kleinen Kugeln von etwa 2 cm Durchmesser formen. Mit etwas Abstand auf eine bemehlte Arbeitsfläche legen, sodass sie nicht zusammenkleben. Etwa 10 Minuten ruhen lassen.

6. Backpapierbögen zurechtschneiden, die etwas größer als die Tortillapresse sind. Einen Bogen Packpapier in die Presse legen, etwas Öl auf die Mitte geben und eine Teigkugel darauf platzieren. Einen weiteren Bogen Backpapier mit Öl beträufeln, auf die Teigkugel legen und etwas festdrücken. Die Teigkugel zu etwa 2 mm dicken Fladen pressen.

7. Die Fladen mitsamt dem Backpapier in eine heiße Pfanne ohne Fett legen. Etwa 30 Sekunden backen, wenden und das Backpapier von der bereits gebackenen Seite abziehen. Auf der anderen Seite ebenfalls etwa 30 Sekunden backen, erneut wenden und den zweiten Bogen Backpapier entfernen.

8. Die Tortilla aus der Pfanne nehmen und zwischen zwei Küchentücher legen, solange die übrigen Tortillas gebacken werden. Es empfiehlt sich, mit mehreren Pfannen gleichzeitig zu arbeiten. Mit der Temperatur der Pfanne muss ein wenig experimentiert werden, bis die Fladen knusprig werden und leichte Blasen werfen, ohne dabei zu verbrennen.

TACO MIT schwarzer Mole, geräucherten Tomaten, Korianderwurzel und Cotija-Käse

Für 6 Personen

Schwarze Mole

50 g getrocknete Ancho-Chilischoten
50 g getrocknete Chipotle-Chilischoten
1 Tomate, halbiert
100 g Sauerteigbrot
35 g Pekannusskerne, gehackt
2 EL Mandelkerne, gehackt
Rapsöl
2 kleine Zwiebeln, geviertelt
2 Knoblauchzehen, fein gehackt
1 TL getrockneter Thymian
1 TL getrockneter Oregano
2 EL schwarze Sesamsamen
½ TL Zimt
5 Pimentkörner
1 Msp. Muskatnuss, gerieben
4 Gewürznelken
1 TL frische Ingwerwurzel, gerieben
120 g schwarze Rosinen
400 ml Gemüsebrühe (Seite 162)

Zum Servieren

6 Tortillafladen (Seite 46)
18 kleine geräucherte Tomaten (Seite 172)
frische Korianderwurzeln, in feine Scheiben
    geschnitten (Koriander mit Wurzeln sind im
    Asialaden erhältlich)
frische Korianderblättchen, gezupft
60 g Cotija-Käse (mexikanischer Hartkäse,
    alternativ Pecorino oder Parmesan)

1. Die Chilischoten aufschneiden, die Kerne entnehmen und beiseitestellen. Das Fruchtfleisch in einem Mixer zu Pulver zerkleinern. Die Kerne in einer gusseisernen Pfanne etwa 5 Minuten rösten, bis sie schwarz sind. Die verbrannten Kerne in eine Schüssel geben und 200 ml kaltes Wasser darübergießen. 1½ Stunden stehen lassen, dann abgießen und beiseitestellen.

2. Den Grill anheizen und zu einer schönen sanften Glut herunterbrennen lassen. Die Tomate mit den Schnittflächen nach unten grillen, bis diese außen etwas schwarz werden.

3. Das Brot in kleine Stückchen reißen und zusammen mit den Nüssen und den Mandeln in der gusseisernen Pfanne ohne Fett für 5–10 Minuten auf den Grill stellen. Etwas Öl darüberträufeln und immer wieder schwenken, damit alles gleichmäßig bräunt. Die Mischung in eine Schüssel geben.

4. Die gusseiserne Pfanne in einen etwas weniger heißen Bereich zurück auf den Grill stellen. 1 EL Öl und dann die Zwiebeln und die Tomate hineingeben und 15 Minuten braten. Von Zeit zu Zeit umrühren. Den Knoblauch hinzugeben und weitere 10 Minuten braten.

5. Den Thymian, den Oregano, die Sesamsamen, den Zimt, die Pimentkörner, die Muskatnuss, die Gewürznelken, den Ingwer und die Rosinen dazugeben. 2–3 Minuten lang alles gut verrühren. Das Brot, die Nüsse, das Chilipulver, die Chilikerne und die Gemüsebrühe dazugeben und etwa 10 Minuten einkochen lassen.

6. Die Mole in einem Mixer glatt pürieren, wieder in die gusseiserne Pfanne füllen und weitere 30 Minuten köcheln lassen. Von Zeit zu Zeit umrühren, damit sie nicht anbrennt. Sollte sie allzu trocken werden, etwas Wasser zugießen.

7. Die Tortillas auf Tellern anrichten und je 2 EL Mole daraufklecksen. Geräucherte Tomaten, Korianderwurzeln und -blättchen darauf verteilen und den Cotija-Käse darüberreiben.

TACO MIT GEGRILLTER AVOCADO, EINGELEGTEN ROTEN ZWIEBELN UND CHILISAUCE

Für 6 Personen

3–4 mittelgroße Avocados
Saft von 1 Limette
Rapsöl

Zum Servieren
6 Tortillafladen (Seite 46)
eingelegte rote Zwiebeln (Seite 162)
scharfe Chilisauce (z. B. Louisiana Hot Sauce,
    Seite 171)

1. Den Grill anheizen und zu einer schönen gleichmäßigen Glut herunterbrennen lassen. Die Avocados halbieren und die Kerne entfernen. Das Avocadofleisch vorsichtig mit einem Löffel aus der Schale lösen und dann längs in etwa 1 cm dicke Scheiben schneiden. Die Scheiben auf einen Teller legen und zunächst mit dem Limettensaft und anschließend mit dem Rapsöl bepinseln.
2. Die Avocadoscheiben rasch bei hoher Temperatur grillen. Außen sollen sie karamellisieren und beinahe schwarz werden, während das Innere kalt bleiben und seine Konsistenz beibehalten soll.
3. Die Tortillas auf Tellern anrichten und mit ein paar Avocadoscheiben belegen. Eingelegte rote Zwiebeln daraufgeben und etwas Chilisauce darüberträufeln.

TACO MIT KRÄUTERSEITLINGEN UND SCHWARZ GERÖSTETER ANANAS

Für 6 Personen

Pilzgewürz
1½ TL Salz
2 TL mildes Chilipulver
1 TL Zwiebelpulver
1 TL Knoblauchpulver
1 TL geräuchertes Paprikapulver
½ TL gemahlener Kreuzkümmel
½ TL Cayennepfeffer

3 große Kräuterseitlinge, in Streifen
    geschnitten
1 EL Rapsöl
6 Stücke geröstete Ananas (Seite 74,
    Schritt 1 und 3)

Zum Servieren
6 Tortillafladen (Seite 46)
6 Limettenspalten

1. Den Grill anheizen und zu einer schönen gleichmäßigen Glut herunterbrennen lassen. Alle Zutaten für das Pilzgewürz in einer Schüssel mischen.
2. Die Pilze mit dem Rapsöl in einer Schüssel vermengen. Dann das Pilzgewürz darüberstreuen (ein wenig für das Anrichten übriglassen) und vorsichtig untermengen. Die Pilze in einem Doppelsieb (siehe Tipp auf Seite 56) auf den Grillrost legen, von Zeit zu Zeit schütteln und etwas Öl darüberträufeln. Das Sieb nach ein paar Minuten öffnen und prüfen, ob die Pilze bereits Farbe angenommen haben. Sie sind fertig, wenn sie schön goldbraun sind. Beiseitestellen.
3. Die Tortillas auf Tellern anrichten, auf einer Seite mit etwas Ananas und auf der anderen mit Pilzen belegen, mit etwas Pilzgewürz bestreuen und mit Limettenspalten servieren.

49

FENCHELWURZELN mit Shiitakepilzen, Frühlingszwiebeln, Buchweizen und Kräuteröl

Für 6 Personen

300 g Fenchelwurzeln
1 EL Meersalz
Saft von ½ Zitrone

Kräuteröl

4 EL glatte Petersilie
4 EL frische Minze, gezupft
(plus 2 EL zum Anrichten)
2–3 Estragonblätter
1 Knoblauchzehe
Saft von ½ Zitrone
3 EL Olivenöl
grobes Meersalz
frisch gemahlener schwarzer Pfeffer

Gekochter Buchweizen

150 g Buchweizenkerne
2 TL Kräutersalz
1 Stängel glatte Petersilie

Frühlingszwiebeln

6 Frühlingszwiebeln, geputzt
3 EL Olivenöl
Meersalzflocken
frisch gemahlener schwarzer Pfeffer

300 g Shiitakepilze
4 EL Rapsöl

1. Die Fenchelwurzeln sorgfältig waschen und putzen. In eine Schüssel mit 1 l Wasser, dem Salz und dem Zitronensaft legen. Mit Frischhaltefolie abdecken und über Nacht in den Kühlschrank stellen.

2. Für das Kräuteröl die Kräuter, den Knoblauch, den Zitronensaft und das Olivenöl mit einem Stabmixer pürieren. Mit Salz und Pfeffer abschmecken.

3. Die Buchweizenkerne in einem Sieb zunächst mit heißem, dann mit kaltem Wasser abspülen. 700 ml Wasser in einem Topf zum Kochen bringen. Die Buchweizenkerne, das Salz und die Petersilie hineingeben und bei niedriger Temperatur unter regelmäßigem Rühren etwa 10 Minuten köcheln lassen. Vom Herd nehmen und 15 Minuten quellen lassen.

4. Den Grill anheizen. Das Olivenöl in einen ausreichend großen Plastikbeutel für die Frühlingszwiebeln geben und zunächst beiseitelegen. Die Frühlingszwiebeln salzen, pfeffern und auf den Grillrost legen, solange die Kohle noch brennt. Rundherum grillen, sodass sie außen leicht verbrannt werden. Mit einer Zange aufnehmen und in den vorbereiteten Plastikbeutel geben. Die Tüte verknoten und kräftig schütteln. Die Frühlingszwiebeln etwa 20 Minuten in ihrem eigenen Dampf schwitzen lassen.

5. Die Shiitakepilze putzen und größere Pilze so zerteilen, dass sie in etwa die gleiche Größe haben. In einer Schüssel mit 1½ EL Rapsöl sowie etwas Salz und Pfeffer sorgfältig vermengen. Dann die Pilze in ein Doppelsieb (siehe Tipp auf Seite 56) geben und auf den Grillrost legen oder über die Glut halten. Das Sieb von Zeit zu Zeit schütteln und etwas Öl darüberträufeln. Nach ein paar Minuten öffnen und prüfen, ob die Pilze bereits Farbe angenommen haben. Sie sind fertig, wenn sie schön goldbraun sind. Beiseitestellen.

6. Die Fenchelwurzeln aus dem Wasser nehmen und abtrocknen. Ebenso wie die Pilze in Schritt 5 verarbeiten.

7. Den Buchweizen, gefolgt von Fenchelwurzeln, Shiitakepilzen und einer längs halbierten Frühlingszwiebel auf Tellern anrichten. Mit Kräuteröl beträufeln und mit frischer Minze garnieren.

GEGRILLTE PIMIENTOS DE PADRÓN
mit Crème fraîche und geriebenem Kombu

Für 6 Personen

300 g Pimientos de Padrón
2 EL Rapsöl
grobes Meersalz
300 g Crème fraîche
2 TL mildes Chilipulver (z.B. Piment
    d'Espelette)
1 TL Sesamsamen (möglichst weiße,
    braune und schwarze gemischt)
getrocknete Kombublätter (im Asialaden
    erhältlich)

1. Den Grill anheizen und zu einer gleichmäßigen sanften Glut herunterbrennen lassen.
2. Die Pimientos und das Rapsöl in eine Schüssel geben und sorgfältig vermengen. In ein grobmaschiges Edelstahlsieb geben und grillen, bis sie Farbe angenommen haben und die Häute Blasen werfen. Vom Grill nehmen und mit etwas Meersalz bestreuen.
3. Die Pimientos mit der Crème fraîche auf tiefen Teller anrichten, mit Chilipulver und Sesamsamen bestreuen und mithilfe einer feinen Reibe den Kombu darüberreiben.

VERWENDEN SIE EIN DOPPELSIEB FÜR KLEINES GRILLGUT **DAMIT KLEINERE GEMÜSE-SORTEN WIE PIMIENTOS DE PADRÓN UND PILZE NICHT DURCH DEN GRILLROST RUTSCHEN, KANN MAN SICH MIT EINEM SOGENANNTEN DOPPELSIEB BEHELFEN. NEHMEN SIE DAZU ZWEI GLEICH GROSSE EDELSTAHLSIEBE, GEBEN SIE HINEIN, WAS SIE GRILLEN MÖCHTEN, UND WICKELN SIE DIE GRIFFE MIT ETWAS STAHL-DRAHT FEST ZUSAMMEN.**

#2 INDIREKT GRILLEN

BRECHBOHNEN mit gerösteten Zwiebeln und Crème fraîche mit Knoblauch-Kräuter-Öl

Für 6 Personen

Knoblauch-Kräuter-Öl
15 g gemischte Kräuter, gehackt
    (z. B. Oregano, Thymian und Dill)
2 Knoblauchzehen
Saft von ½ Zitrone
3 EL Olivenöl
Meersalzflocken
frisch gemahlener schwarzer Pfeffer

18 Schalotten mit Schale
600 g Brechbohnen
2 EL Rapsöl
200 g Crème fraîche

Zum Servieren
Meersalzflocken

1. Die Kräuter, den Knoblauch, den Zitronensaft und das Olivenöl mit einem Stabmixer pürieren. Mit Salz und Pfeffer abschmecken.

2. Kohle oder Holzscheite nur in eine Hälfte des Grills legen, damit genug Platz bleibt, um die Schalotten später über indirekter Wärme zu grillen. Den Grill anheizen und, sobald das Feuer ordentlich brennt, die Schalotten direkt auf die Kohlen legen, bis ihre äußerste Schale rundherum schwarz verbrannt ist. Aus dem Feuer nehmen, den Grillrost auflegen und die Schalotten in der anderen Grillhälfte darauf platzieren. Den Deckel schließen und die Schalotten über indirekter Wärme 20–30 Minuten rösten, bis sie gar sind. Wird die Kerntemperatur gemessen, soll sie über 60 °C liegen. Beiseitelegen und abkühlen lassen.

3. Die Brechbohnen waschen und die Enden abschneiden. Abtrocknen und in einer Schüssel zusammen mit dem Rapsöl gründlich vermengen. Die Bohnen direkt über der Glut auf den Grillrost legen, 5 Minuten lang immer wieder vor- und zurückrollen und darauf achten, dass sie nicht zu schwarz werden. Vom Grill nehmen.

4. Die Crème fraîche in eine Schüssel geben und zwei Drittel des Kräuteröls vorsichtig unterziehen, sodass eine Marmorierung entsteht.

5. Die Schalotten aus der verbrannten Schale drücken und halbieren. Zusammen mit den Bohnen auf Tellern anrichten, das übrige Kräuteröl darüberträufeln und mit Meersalzflocken bestreuen. Die Crème fraîche mit Knoblauch-Kräuter-Öl separat dazu servieren.

SCHWARZ GERÖSTETER SPITZKOHL
mit brauner Butter und Sauce béarnaise

Für 6 Personen

2 mittelgroße Köpfe roter Spitzkohl
    (alternativ grüner Spitzkohl)

Sauce béarnaise
2 EL Weißweinessig
1 kleine Schalotte mit Schale, grob gehackt
1 Stängel Estragon
2 weiße Pfefferkörner
2 Kapseln Szechuanpfeffer
4 Koriandersamen
300 g Butter
2 Eigelb, zimmerwarm

Zum Servieren
150 g Butter
6 kleine Stängel Estragon

1. Kohle oder Holzscheite nur in eine Hälfte des Grills legen, damit genug Platz bleibt, um den Spitzkohl später über indirekter Wärme zu grillen. Den Grill anheizen und, sobald das Feuer ordentlich brennt, die Kohlköpfe direkt auf die Kohlen legen, bis sie außen rundherum schwarz verbrannt sind. Von Zeit zu Zeit mit einer Grillzange wenden. Aus dem Feuer nehmen, den Grillrost auflegen und die Kohlköpfe in der anderen Grillhälfte darauf platzieren. Den Deckel schließen und über indirekter Wärme etwa 1 Stunde rösten, bis sie fertig gegart sind. Wird die Kerntemperatur gemessen, soll sie über 60 °C liegen.

2. 2 EL Wasser, den Essig, die Schalotte, den Estragon und die Gewürze in einem Topf aufkochen und um die Hälfte einreduzieren lassen. Den Sud durch ein Sieb in eine Edelstahlschüssel abgießen und beiseitestellen.

3. Die Butter in einem Topf zerlassen, bis sie eine Temperatur von etwa 50 °C erreicht hat. Die Eigelbe zu dem Sud geben und mit einem Schneebesen über einem heißen Wasserbad etwa 5 Minuten cremig aufschlagen. Die flüssige Butter unter stetigem Rühren zuerst tropfenweise, dann in dünnem Strahl zugießen.

4. Einen Topf bei mittlerer Temperatur erhitzen und die Butter darin zerlassen. Sofort aufschlagen, bis sie eine goldbraune Farbe angenommen hat und nussig duftet. Vom Herd nehmen und noch etwas weiterschlagen, damit die Butter nicht am Topfboden anbrennt.

5. Sind die Kohlköpfe etwas abgekühlt, die äußeren verbrannten Blätter entfernen. Den Kohl in portionsgerechte Stücke schneiden und auf Tellern anrichten. Die braune Butter darüberträufeln, etwas Sauce béarnaise dazugeben und mit Estragon garnieren.

LAUCH in vier Variationen

Für 6 Personen

Eingelegter Lauch
1 Stange Lauch
100 ml Essigessenz
180 g Zucker
125 g Salz

Lauchasche
grüne Blätter des zum Einlegen
benötigten Lauchs

Gegrillter Lauch
2 große Stangen Lauch
2 EL Rapsöl

Lauch-Petersilien-Mayonnaise
90 ml Olivenöl
vom Grillen übriger Lauch
15 g glatte Petersilie
380 g Mayonnaise (Seite 166)

Zum Servieren
6 TL geröstetes Sesamöl
6 EL Cashewnüsse, fein gehackt

1. Mit dem eingelegten Lauch am Vortag beginnen, da er 1 Tag ziehen muss. Die Essigessenz, den Zucker und 300 ml Wasser in einem Topf zum Kochen bringen. Den Lauch waschen und die äußeren Blätter entfernen (das Grün für die Lauchasche aufbewahren). Den Lauch in ½ cm dicke Ringe schneiden und diese gut ausdrücken. ½ l Wasser mit dem Salz in einem Topf aufkochen und die Lauchringe ein paar Sekunden darin blanchieren. In ein Sieb abgießen und unter kaltem Wasser abspülen. Den Lauch in eine Schüssel geben, mit dem Essigsud übergießen, mit einem Deckel oder Frischhaltefolie abdecken und für 24 Stunden in den Kühlschrank stellen.

2. Den Backofen auf 250 °C (Ober-/Unterhitze) vorheizen. Das übriggebliebene Lauchgrün in lange schmale Streifen schneiden. Diese auf ein Backblech legen und für einige Minuten in den Ofen stellen, bis sie ganz und gar schwarz sind. Das Backblech herausnehmen und die Lauchstreifen wenden. Zurück im Ofen auch die andere Seite schwarz werden lassen. Herausnehmen und abkühlen lassen. Den verkohlten Lauch in einem Mixer zu feinem Pulver mahlen.

3. Kohle oder Holzscheite nur in eine Hälfte des Grills legen, damit genug Platz bleibt, um die Lauchstangen später über indirekter Wärme zu grillen. Den Grill anheizen und, sobald das Feuer ordentlich brennt, die Lauchstangen direkt auf die Kohlen legen, bis sie außen rundherum schwarz verbrannt sind. Aus dem Feuer nehmen, den Grillrost auflegen und die Lauchstangen in der anderen Grillhälfte darauf platzieren. Den Deckel schließen und über indirekter Wärme 20–30 Minuten rösten, bis sie fertig gegart sind. Wird die Kerntemperatur gemessen, soll sie über 60 °C liegen.

4. Die Lauchstangen wie auf dem Rezeptbild schräg in Stücke schneiden und beiseitelegen. Nicht benötigte Teile für die Mayonnaise verwenden.

5. Das Olivenöl in einem Topf bei mittlerer Temperatur erhitzen und die übrigen Lauchstücke zusammen mit der Petersilie hineingeben. Etwa 10 Minuten köcheln lassen, bis sie weich sind. Alles in einem Mixer glatt pürieren und in eine Schüssel geben. Abkühlen lassen, die Mayonnaise zugeben und alles gut vermengen.

6. Den gegrillten Lauch auf Tellern anrichten. Mit Sesamöl berträufeln, den eingelegten Lauch daraufgeben und mit Cashewnüssen bestreuen. Etwas Lauchasche darüberstreuen und einen großzügigen Klecks Mayonnaise dazugeben.

67

KNOLLENSELLERIE mit gegrillten Pfifferlingen, Zichoriendukkah und Kräutercreme

Für 6 Personen

30 Zichorienblätter (alternativ Löwenzahn-,
  Radicchio- oder andere bittere Blätter)
Meersalzflocken
2 EL Weißweinessig
3 kleine Knollen Sellerie

Kräutercreme
15 g gemischte Kräuter, gehackt
  (z. B. frischer Thymian, Rosmarin und Dill)
Saft von ½ Zitrone
3 EL Olivenöl
Salz
frisch gemahlener schwarzer Pfeffer
100 g Crème fraîche

Gegrillte Pfifferlinge
150–200 g Pfifferlinge
2–3 Knoblauchzehen, leicht zerdrückt
1 EL Rapsöl (plus mehr zum Beträufeln)
Salz
frisch gemahlener schwarzer Pfeffer

Zum Servieren
100 g Zichoriendukkah (alternativ
  gewöhnliches Dukkah, Seite 168)
Zichorienblüten
Meersalzflocken

1. Die Zichorienblätter in einer Schüssel Wasser mit etwas Salz und dem Essig einweichen. Bis zum Servieren beiseitestellen.

2. Kohle oder Holzscheite nur in eine Hälfte des Grills legen, damit genug Platz bleibt, um den Sellerie später über indirekter Wärme zu grillen. Den Grill anheizen und, sobald das Feuer ordentlich brennt, die Sellerieknollen direkt auf die Kohlen legen, bis sie außen rundherum schwarz verbrannt sind. Aus dem Feuer nehmen, den Grillrost auflegen und die Sellerieknollen in der anderen Grillhälfte darauf platzieren. Den Deckel schließen und über indirekter Wärme 1 ½–2 Stunden rösten, bis sie fertig gegart sind. Wird die Kerntemperatur gemessen, soll sie über 60 °C liegen.

3. Die Kräuter, den Zitronensaft und das Olivenöl mit einem Stabmixer pürieren. Mit Salz und Pfeffer abschmecken, die Crème fraîche zugeben und alles gut vermengen.

4. Die Pfifferlinge gründlich putzen. Zusammen mit dem Knoblauch in eine Schüssel geben. Vorsichtig mit dem Rapsöl, etwas Salz und Pfeffer vermengen. Die Pfifferlinge in ein Doppelsieb (siehe Tipp auf Seite 56) geben und auf den Grillrost legen oder über die Glut halten. Das Sieb von Zeit zu Zeit schütteln und etwas Öl darüberträufeln. Das Sieb nach ein paar Minuten öffnen und prüfen, ob die Pilze bereits Farbe angenommen haben. Sie sind fertig, wenn sie schön goldbraun sind. Beiseitestellen.

5. Die Zichorienblätter aus dem Essigwasser abseihen und mit Küchenpapier oder mithilfe einer Salatschleuder trocknen.

6. Die Sellerieknollen schälen, wenn sie ein wenig abgekühlt sind. Meist funktioniert das gut mit den Fingern, andernfalls ein Messer benutzen und darauf achten, so wenig wie möglich von dem gerösteten Sellerieinneren direkt unterhalb der Schale zu entfernen. Die Sellerieknollen vierteln.

7. Je 2 Sellerieviertel auf Tellern anrichten und einen großzügigen Klecks Kräutercreme dazugeben. Zichorienblätter und Pilze darauf verteilen, Dukkah darüberstreuen und mit Zichorienblüten garnieren.

Oft grille ich größere und kompaktere Gemüse oder Früchte im Ganzen, bis sie außen verbrannt und ganz und gar schwarz sind, um sie im Anschluss längere Zeit bei indirekter Wärmezufuhr zu garen. Was für eine fantastische Möglichkeit, dieses herrliche verbrannte Grillaroma zu erreichen und gleichzeitig dafür zu sorgen, dass das Innere nicht trocken und langweilig wird. Denn das kann passieren, wenn man Gemüse oder Früchte einfach in Scheiben schneidet und auf den Grill legt.

GEGRILLTE ANANAS mit Kokos-Rum-Sahne

Für 6 Personen

3 mittelgroße Ananas

Kokos-Rum-Sahne
1 Vanilleschote
400 g Kokosmilch (mit hohem Kokosanteil,
    im Asialaden oder online erhältlich)
100 g Crème fraîche
2 EL brauner Rum
1 EL Rohrzucker

Zum Servieren
Abrieb von 1 unbehandelten Limette
Zitronenverbene

1. Den Grill anheizen. Mit einem Grillspieß die Ananas einige Male einstechen und, auch wenn die Kohle noch brennt, direkt in das Glutbett legen. Die Ananas 1–2 Stunden rösten, bis die Schale vollständig verkohlt und das Innere weich ist. Wann sie fertig sind, erkennt man daran, dass sie leicht zusammenschrumpfen und die Schale auf Druck etwas nachgibt. Wird die Kerntemperatur gemessen, soll sie zwischen 80 und 90 °C liegen.

2. Inzwischen die Kokos-Rum-Sahne zubereiten. Die Vanilleschote der Länge nach einschneiden und das Mark herauskratzen. Das Vanillemark zusammen mit den übrigen Zutaten in einer Schüssel vermengen. Mit den Quirlen eines Handrührers möglichst steif schlagen und für 1 Stunde in den Kühlschrank stellen.

3. Zunächst den grünen Blütenansatz der Ananas abschneiden und die Frucht hochkant aufstellen. Die äußerste schwarze Schale mit einem Messer entfernen und darauf achten, so wenig wie möglich von dem gegrillten Fruchtfleisch direkt unterhalb der Schale zu entfernen. Dann die Ananas der Länge nach vierteln und den Strunk in der Mitte entfernen.

4. Je zwei Ananasviertel neben einem großzügigen Klecks Kokos-Rum-Sahne auf Tellern anrichten und mit Limettenabrieb und Zitronenverbene garnieren.

RAUCHIGER ANANAS SOUR

Für 6 Drinks

300 g gegrillte Ananas (Rezept links,
    Schritt 1 und 3)
120 ml Agavendicksaft
1 TL grüne Chilischote, fein gehackt
3 cm frische Ingwerwurzel, geschält
120 ml Limettensaft, frisch gepresst
600 ml Ananassaft
1 Zimtstange (etwa 4 cm)
300 ml Gin
3 Eiweiß von frischen Bio-Eiern
Eiswürfel

Zum Servieren
Räucherspäne
Eiswürfel
Zimtstange
getrocknete Ananas

1. Die gegrillte Ananas mit dem Agavendicksaft, der Chilischote, dem Ingwer, dem Limetten- und dem Ananassaft in einem Mixer grob pürieren. In eine Schüssel füllen, die Zimtstange zugeben und über Nacht in den Kühlschrank stellen.

2. Etwa 1 Stunde vor dem Servieren sechs Gläser ins Gefrierfach stellen. Die Ananasmischung in eine Karaffe sorgfältig durch ein Sieb streichen.

3. Etwa 400 ml des Ananassafts, 100 ml Gin und 1 Eiweiß in einen Shaker füllen. Er sollte groß genug für zwei Drinks sein.

4. Um den Drink zusammen mit dem Eiweiß luftig aufzuschäumen, zunächst ohne Eis schütteln. Dann den Shaker mit Eiswürfeln auffüllen und nochmals so lange schütteln, bis er kalt ist.

5. Ein paar Räucherspäne auf ein Backblech legen und anzünden. Die Gläser darauf auf den Kopf stellen, sodass der Rauch sich in ihnen sammelt. Die Kälte der Gläser wird den Rauch abkühlen, sodass er sich nicht verflüchtigt, wenn sie wieder umgedreht werden.

6. Die Gläser vorsichtig umdrehen, damit nicht zu viel Rauch entweichen kann. Eiswürfel hineinfüllen und vorsichtig mit der Hälfte des Shakerinhalts aufgießen. Etwas Zimt darüberreiben und mit einer Scheibe getrockneter Ananas garnieren.

GERÖSTETE UND GERÄUCHERTE KARTOFFELN mit in Bier karamellisierten Zwiebeln

Für 6 Personen

6 mittelgroße vorwiegend festkochende
    Kartoffeln
1–2 Handvoll Räucherspäne aus Apfelholz

Karamellisierte Zwiebeln
6 mittelgroße Zwiebeln, gehackt
3 EL Butter
200 ml Lagerbier

Zum Servieren
eingelegte Bärlauchfrüchte (Seite 175)
frischer Oregano
Gartenkresse
Meersalzflocken

1. Kohle oder Holzscheite nur in eine Hälfte des Grills legen, damit genug Platz bleibt, um die Kartoffeln später über indirekter Wärme zu grillen. Den Grill anheizen und eine Handvoll Räucherspäne auf die Glut geben, sobald das Feuer nicht mehr so stark brennt. Die Kartoffeln auf die andere Hälfte des Grillrosts legen. Den Deckel schließen und über indirekter Wärme etwa 1 Stunde rösten und von Zeit zu Zeit wenden. Sie sind fertig, wenn sie sich bei Druck auf die Schale weich anfühlen. Wird die Kerntemperatur gemessen, soll sie über 90 °C liegen.

2. Die Zwiebeln und die Butter in einen gewässerten Lehmtopf oder eine ofenfeste Form geben. Über mittlerer Temperatur auf dem Grill erhitzen und den Topfdeckel auflegen. Nach kurzer Zeit werden die Zwiebeln Flüssigkeit abgeben, die Aromen werden durch das Dünsten im eigenen Saft verstärkt. 30–40 Minuten lang etwa alle 5 Minuten umrühren. Darauf achten, dass die Zwiebeln nicht anbrennen. (Wenn sie zu trocken werden, das Bier etwas eher zugeben.) Mit dem Bier aufgießen, die Hitzezufuhr erhöhen und etwa 20 Minuten stark einreduzieren lassen. Regelmäßig rühren, besonders gegen Ende der Kochzeit, wenn beinahe alle Flüssigkeit eingekocht ist. Den Topf beiseitestellen.

3. Die Kartoffeln mit einem Messer einschneiden und die beiden Hälften auseinanderziehen, sodass sie gut gefüllt werden können. Je 1 großzügigen EL Zwiebeln in die Kartoffeln geben, eingelegte Bärlauchfrüchte, Oregano und Gartenkresse darauf verteilen und mit Salz bestreuen.

78

GERÖSTETE STECKRÜBEN mit gegrillten
Shiitakepilzen und Liebstöckelbouillon

Für 6 Personen

3 mittelgroße Steckrüben

Liebstöckelbouillon
20 g getrocknete Shiitakepilze
2 EL kaltgepresstes Rapsöl
300 g Perlzwiebeln, abgezogen
2 Knoblauchzehen mit Schale, leicht zerdrückt
1 EL Weißweinessig
2 Lorbeerblätter
weiße Pfefferkörner
1 Streifen Schale von 1 unbehandelten
 Zitrone (etwa 1 cm breit)
2–3 Stängel Liebstöckel

300 g Shiitakepilze

Zum Servieren
Liebstöckel
1 EL kaltgepresstes Rapsöl
Meersalzflocken
frisch gemahlener Pfeffer

1. Kohle oder Holzscheite nur in eine Hälfte des Grills legen, damit genug Platz bleibt, um die Steckrüben später über indirekter Wärme zu grillen. Den Grill anheizen und, sobald das Feuer ordentlich brennt, die Steckrüben direkt auf die Kohlen legen, bis sie außen rundherum schwarz verbrannt sind. Von Zeit zu Zeit mit einer Grillzange wenden. Aus dem Feuer nehmen, den Grillrost auflegen und die Steckrüben in der anderen Grillhälfte darauf platzieren. Den Deckel schließen und über indirekter Wärme etwa 1 Stunde rösten, bis sie fertig gegart sind. Wird die Kerntemperatur gemessen, soll sie über 60 °C liegen.

2. Für die Bouillon 1 l Wasser zum Kochen bringen. Die getrockneten Pilze in eine Schüssel geben, mit dem kochenden Wasser übergießen, abdecken und 20 Minuten ziehen lassen. In ein Sieb abgießen (die Flüssigkeit aufbewahren), mit Küchenpapier trocken tupfen und beiseitelegen.

3. Das Rapsöl in einem Topf bei mittlerer Temperatur erhitzen. Die Perlzwiebeln hineingeben und etwa 10 Minuten glasig anschwitzen. Die Pilze und den Knoblauch zugeben und etwa 5 Minuten lang rühren. Den Essig, die Lorbeerblätter, die Pfefferkörner und die Zitronenschale hinzufügen und alles gründlich verrühren. Die Temperatur erhöhen, das Pilzwasser angießen und etwa 10 Minuten einreduzieren lassen. Den Topf vom Herd nehmen, den Liebstöckel hineingeben und abgedeckt weitere 20 Minuten ziehen lassen. Die Perlzwiebeln herausnehmen, vierteln und beiseitelegen. Die Bouillon in einen weiteren Topf abseihen und warm halten.

4. Die frischen Shiitakepilze putzen. In einem Doppelsieb (siehe Tipp auf Seite 56) grillen oder in einer gusseisernen Pfanne mit etwas Öl kräftig anbraten.

5. Die Steckrüben schälen, wenn sie etwas abgekühlt sind. Meist funktioniert das gut mit den Fingern, andernfalls ein Messer benutzen und darauf achten, so wenig wie möglich von dem gerösteten Rübeninneren direkt unterhalb der Schale wegzuschneiden. In 3–4 mm dicke Scheiben schneiden.

6. Die Steckrübenscheiben mit den Perlzwiebeln und Shiitakepilze auf tiefen Tellern anrichten. Mit Bouillon angießen und mit Liebstöckelblättern garnieren. Etwas Rapsöl darüberträufeln und mit Salz und Pfeffer bestreuen.

79

STECKRÜBEN AUF SHISOBLÄTTERN
mit saurer Sahne, Meerrettich und Kerbel

Für 6 Personen

1 kleine Steckrübe
6 Shisoblätter
3 EL saure Sahne
6 TL Meerrettich, frisch gerieben
Meersalzflocken
6 Kerbelblätter

1. Kohle oder Holzscheite nur in eine Hälfte des Grills legen, damit genug Platz bleibt, um die Steckrübe später über indirekter Wärme zu grillen. Den Grill anheizen und, sobald das Feuer ordentlich brennt, die Steckrübe direkt auf die Kohlen legen, bis sie außen rundherum schwarz verbrannt ist. Von Zeit zu Zeit mit einer Grillzange wenden. Aus dem Feuer nehmen, den Grillrost auflegen und die Steckrübe in der anderen Grillhälfte darauf platzieren. Den Deckel schließen und über indirekter Wärme etwa 1 Stunde rösten, bis sie sich bei Druck auf die Schale weich anfühlt. Wird die Kerntemperatur gemessen, soll sie über 60 °C liegen.

2. Die Steckrübe schälen, wenn sie etwas abgekühlt ist. Meist funktioniert das gut mit den Fingern, andernfalls ein Messer benutzen und darauf achten, so wenig wie möglich von dem gerösteten Rübeninneren direkt unterhalb der Schale wegzuschneiden.

3. Die Steckrübe vierteln und in 3–4 mm dicke Scheiben schneiden. Die Shisoblätter auf einer Platte anrichten und jeweils mit ein paar Steckrübenscheiben belegen. Je ½ EL saure Sahne und 1 TL Meerrettich daraufgeben. Mit Meersalzflocken bestreuen und mit einem Kerbelblatt garnieren.

MACHEN SIE DIE DOPPELTE MENGE **Diese kleinen Häppchen sind zum Aperitif gedacht, die Menge kann natürlich problemlos verdoppelt werden. Für gewöhnlich wird um Nachschub gebeten. Geizen Sie also nicht – ran ans Werk!**

SCHWARZ GERÖSTETER Knollenselleriedrink

Für 6 Drinks

2 mittelgroße Knollen Sellerie
50 g Butter
240 ml Zitronensaft, frisch gepresst
90 ml Zuckerlösung (Zucker und Wasser
   im Verhältnis 1:1)
360 ml Mezcal
Crusheis

Zum Servieren
große Eiswürfel

1. Kohle oder Holzscheite nur in eine Hälfte des Grills legen, damit genug Platz bleibt, um den Sellerie später über indirekter Wärme zu grillen. Den Grill anheizen und, sobald das Feuer ordentlich brennt, die Sellerieknollen direkt auf die Kohlen legen, bis sie außen rundherum schwarz verbrannt sind. Von Zeit zu Zeit mit einer Grillzange wenden. Aus dem Feuer nehmen, den Grillrost auflegen und die Sellerieknollen in der anderen Grillhälfte darauf platzieren. Den Deckel schließen und über indirekter Wärme etwa 1 Stunde rösten, bis sie sich bei leichtem Druck auf die Schale weich anfühlen. Wird die Kerntemperatur gemessen, soll sie über 90 °C liegen.

2. Die Sellerieknollen etwas abkühlen lassen, vierteln und das helle Innere herausschälen. Sollte dabei ein wenig von dem gerösteten Selleriefleisch direkt unterhalb der schwarzen Schale mit herausgelöst werden, ist das gut, denn darin ist größtenteils der rauchige Geschmack enthalten.

3. Den Sellerie und die Butter in einem Mixer sehr glatt pürieren.

4. Je Drink 75 g Selleriepüree, 40 ml Zitronensaft, 15 ml Zuckerlösung und 60 ml Mezcal in einen Shaker geben. Mit Crusheis auffüllen, schütteln und durch ein feines Sieb in ein Glas gießen.

IN SALZ GERÖSTETE ROTE BETE IN DER ZWIEBELSCHALE

Für 6 Personen

Gegrillte rote Zwiebeln

3 große rote Zwiebeln mit Schale, halbiert
1 EL Rapsöl
1 EL Rotweinessig
½ TL getrockneter Oregano
1 TL Meersalzflocken

In Salz geröstete Rote Bete

4 mittelgroße Rote Beten
1 kg grobes Meersalz
6–7 Knoblauchzehen
1 Zweig frischer Thymian

Steinpilzbouillon

20 g getrocknete Steinpilze
2 EL kaltgepresstes Rapsöl
2 Zwiebeln, abgezogen und geviertelt
2 Knoblauchzehen mit Schale, leicht zerdrückt
1 EL Rotweinessig
2 Lorbeerblätter
schwarze Pfefferkörner
1 Streifen Schale von 1 unbehandelten
    Limette (etwa 1 cm breit)
2–3 Stängel glatte Petersilie

2 TL Olivenöl
15 g Zitronenmelisse, fein gehackt
Abrieb von ½ unbehandelten Limette

Zum Servieren

Brotcroûtons
in Whisky eingelegte Senfsamen (Seite 174)
Zitronenmelisse

1. Die Schnittflächen der Zwiebelhälften mit dem Rapsöl bepinseln. Den Grill anheizen und, sobald das Feuer ordentlich brennt, die Zwiebeln mit der Schnittfläche nach unten auf den Grillrost legen. Mit einer Grillzange auf die Zwiebeln drücken, bis die Schnittflächen ganz schwarz verkohlt sind. In einen Plastikbeutel geben und den Essig, den Oregano und das Salz hinzugeben. Den Beutel fest verknoten und die Zwiebeln in ihrem eigenen Dampf schwitzen lassen.

2. Den Boden eines gewässerten Lehmtopfs oder einer gusseisernen Pfanne mit einer Schicht Salz bedecken und die Roten Beten mit etwas Abstand zueinander hineinsetzen. Den Topf mit so viel Salz auffüllen, dass sie beinahe vollständig bedeckt sind. Den Knoblauch und den Thymian zwischen die Beten in das Salz stecken. Den Topf direkt in die Glut stellen und die Beten 40–50 Minuten weich backen.

3. Für die Bouillon 1 l Wasser zum Kochen bringen. Die Pilze in eine Schüssel geben, mit dem kochenden Wasser übergießen, abdecken und 20 Minuten ziehen lassen. In ein Sieb abgießen (die Flüssigkeit aufbewahren), mit Küchenpapier trocken tupfen und beiseitelegen. Das Öl in einem Topf bei mittlerer Temperatur erhitzen. Die Zwiebeln hineingeben und etwa 10 Minuten stark anbraten, bis sie Farbe annehmen. Die Pilze und den Knoblauch zugeben und etwa 5 Minuten lang unter Rühren weiterbraten. Den Essig, die Lorbeerblätter, die Pfefferkörner und die Limettenschale hinzufügen und alles gründlich verrühren. Die Temperatur erhöhen, das Pilzwasser zugießen und etwa 10 Minuten lang einkochen lassen. Den Topf vom Herd nehmen, die Petersilie hineingeben und abgedeckt weitere 20 Minuten ziehen lassen. Die Bouillon durch ein Sieb abgießen und beiseitestellen.

4. Die Beten schälen und in etwa 5 x 5 mm große Würfel schneiden. Mit dem Olivenöl, der Zitronenmelisse, dem Limettenabrieb in einer Schüssel gründlich vermengen.

5. Die Zwiebeln aus dem Plastikbeutel nehmen und das Salz und den Oregano abtupfen. Die äußeren Zwiebelschichten herauslösen, sodass kleine »Zwiebelboote« entstehen. Die »Zwiebelboote« auf Tellern anrichten, die Rote-Bete-Mischung hineingeben und mit etwas Bouillon auffüllen. Mit Brotcroûtons, Senfsamen und Zitronenmelisse bestreuen.

TARTE TATIN mit Honigkuchen und Walnüssen

Für 6 Personen

Mürbteig
270 g Weizenmehl Type 405
2 TL Backpulver
½ TL Salz
150 g Rohrzucker
200 g kalte Butter
2 Eier

Füllung
6 mittelgroße Äpfel, geschält und
vom Kerngehäuse befreit
Saft von ½ Zitrone
150 g Honigkuchen
100 g Walnusskerne
150 g Rohrzucker
70 g Butter

Zum Servieren
Vanilleeis oder -sauce (optional)

1. Das Mehl und das Backpulver in eine Schüssel sieben und das Salz sowie den Zucker untermengen. Die kalte Butter in Flöckchen dazugeben und zusammen mit dem Mehl zerkrümeln, bis die Konsistenz leicht sandig ist. Die Eier hinzufügen und alles zu einem schönen weichen Teig verkneten. In Frischhaltefolie wickeln und für mindestens 30 Minuten in den Kühlschrank stellen.

2. Die Äpfel in dicke Spalten schneiden, in eine Schüssel geben und mit dem Zitronensaft beträufeln, damit sie nicht braun werden.

3. Den Honigkuchen und die Walnüsse in einem Mixer gut vermengen und gleichmäßig zerkleinern.

4. Den Grill anheizen und die Kohle zu einer schönen gleichmäßigen Glut herunterbrennen lassen. Eine gusseiserne Pfanne auf den Grill stellen, den Zucker und die Butter hineingeben und karamellisieren lassen. Dann die Apfelspalten in der Pfanne verteilen und etwa 15 Minuten köcheln lassen. Von Zeit zu Zeit umrühren, damit die Äpfel nicht am Pfannenboden ansetzen.

5. Die Pfanne vom Grill nehmen und die Honigkuchen-Walnuss-Mischung gleichmäßig über die Äpfel verteilen.

6. Den Teig zu einem großzügig bemessenen Kreis ausrollen und wie einen lockeren Deckel auf die Äpfel legen. Die Seiten sollen über dem Rand der Pfanne herunterhängen.

7. Die Pfanne über indirekte Wärme zurück auf den Grill stellen. Den Teig mit den Händen leicht auf die Äpfel drücken. Den Deckel des Grills schließen und etwa 1 Stunde backen. Darauf achten, dass die Temperatur zwischen 150–170 °C liegt. Die Pfanne herausnehmen und beiseitestellen.

8. Die Tarte etwas abkühlen lassen, bis das Karamell ein wenig fester geworden ist. Dann auf eine Servierplatte stürzen. Nach Belieben mit Vanilleeis oder -sauce servieren.

Es gibt viele unterschiedliche
Sorten Kohle mit ebenso unterschiedlichen Eigenschaften, aber
generell kann man sagen, dass sie
gleichmäßiger brennt, je härter
und qualitativ hochwertiger sie ist.
Die Lieblingskohle vieler »Grill-
nerds« ist die japanische *binchō-
tan*, eine Holzkohlenart, die aus
der asiatischen Steinlindeneiche
gewonnen wird. Sie kann über viele Stunden eine schöne und gleichmäßige Temperatur halten und
eignet sich besonders gut für die
Verwendung auf dem Tischgrill.

BIRNEN IN SALZKRUSTE mit Burrata
und gegrilltem Palmkohl

Für 6 Personen

6 mittelgroße Birnen
1 kg grobes Meersalz
6–7 Knoblauchzehen
frischer Thymian
frischer Oregano
2–3 Blätter Palmkohl
Olivenöl
Meersalzflocken
3 Kugeln Burrata

Zum Servieren
Olivenöl
Abrieb von 1–2 unbehandelten Zitronen
Schnittlauchblüten (alternativ Schnittlauch,
    gehackt)

1. Den Grill anheizen und die Kohle zu einer schönen gleichmäßigen Glut herunterbrennen lassen.

2. Den Boden eines gewässerten Lehmtopfs oder einer gusseisernen Pfanne mit Meersalz bedecken und die Birnen mit etwas Abstand zueinander auf das Salzbett setzen. Den Topf mit so viel Salz auffüllen, dass sie beinahe vollständig bedeckt sind. Den Knoblauch und die Kräuter zwischen die Birnen in das Salz stecken.

3. Den Lehmtopf direkt auf die Glut stellen und die Birnen 40–50 Minuten weich backen. Sind sie außen goldbraun und ein wenig runzlig, sind sie innen meist perfekt.

4. Die Palmkohlblätter in eine kleine Schüssel geben und mit Olivenöl beträufeln. Etwas Salz darüberstreuen und in die Blätter einmassieren. Dann auf dem Rost oder in einem Edelstahl-Mehlsieb (siehe Rezeptbild) grillen, bis sie knusprig sind und leicht Farbe angenommen haben. Vom Grill nehmen und beiseitestellen.

5. Die Birnen aus dem Salzbett nehmen, sorgfältig abtrocknen und je nach Größe der Länge nach halbieren oder vierteln.

6. Die Birnenstücke und den Palmkohl auf Tellern anrichten. Die Burratakugeln halbieren und je eine Hälfte obenauf legen. Etwas Olivenöl darüberträufeln und mit Zitronenabrieb sowie Schnittlauchblüten bestreuen.

GRILLEN SIE ZARTES GEMÜSE **Wenn Sie Gemüse, Kräuter oder dünne Kohlblätter grillen, die dazu neigen, zwischen die Stäbe des Grillrosts zu fallen, oder denen hohe Temperatur nicht bekommt, ist ein Edelstahl-Mehlsieb ideal. Stellen Sie es auf den Grillrost, um Abstand zur Hitze zu haben, und benutzen Sie eine Zange oder Pinzette, um das empfindliche Grillgut zu wenden.**

#4 GEMÜSE IN DER GLUT

SCHWARZ GERÖSTETE KAROTTEN
mit Liebstöckelbouillon

Für 6 Personen

Liebstöckelbouillon

2 l Gemüsebrühe (Seite 162)
3 cm frische, ungeschälte Kurkumawurzel,
   in Scheiben geschnitten
1 TL schwarze Pfefferkörner
1 TL Koriandersamen
1 TL Szechuanpfefferkapseln
1 EL Weißweinessig (nach Möglichkeit
   Champagneressig)
1 Stängel Liebstöckel
Meersalz

6 mittelgroße violette Karotten
   (alternativ normale Karotten)

Zum Servieren
Liebstöckel (nicht zu viel, das Kraut
   hat ein sehr kräftiges Aroma)
glatte Petersilie
Brunnenkresse
kaltgepresstes Rapsöl

1. Für die Bouillon die Gemüsebrühe zusammen mit der Kurkumawurzel, dem schwarzen Pfeffer, den Koriandersamen und dem Szechuanpfeffer zum Kochen bringen und ein paar Minuten kochen lassen. Vom Herd nehmen. Den Essig und den Liebstöckel dazugeben und umrühren. Abdecken und etwa 20 Minuten ziehen lassen. Die Bouillon in einen weiteren Topf abseihen und mit Salz abschmecken.

2. Kohle oder Holzscheite nur in eine Hälfte des Grills legen, damit genug Platz bleibt, um die Karotten später über indirekter Wärme zu grillen. Den Grill anheizen und, sobald das Feuer ordentlich brennt, die Karotten direkt auf die Kohlen legen, bis ihre äußerste Schale rundherum schwarz verbrannt ist. Aus dem Feuer nehmen, den Grillrost auflegen und die Karotten in der anderen Grillhälfte darauf platzieren. Den Deckel schließen und die Karotten über indirekter Wärme etwa 30 Minuten rösten, bis sie fertig gegart sind. Mit einer Grillzange vom Grill nehmen und etwas abkühlen lassen.

3. Die Bouillon nochmals erhitzen. Die Karottenschale entweder mit Gummihandschuhen oder mithilfe einer Plastiktüte entfernen und die Karotten in etwa 1 cm dicke Scheiben schneiden.

4. Die Bouillon mit den Karottenscheiben in Schälchen oder auf tiefen Tellern anrichten, mit den Kräutern bestreuen und mit Rapsöl beträufeln.

SCHWARZ GERÖSTETE AUBERGINE
mit geräucherten Tomaten, gegrillter Zitrone und gerösteten Pinienkernen

Für 6 Personen

6 mittelgroße Auberginen
3 Zitronen
1 TL Salz
2–3 Knoblauchzehen, leicht zerdrückt
1 Stängel glatte Petersilie
1 Stängel Liebstöckel
1 TL schwarze Pfefferkörner
1 TL Koriandersamen
12 geräucherte Tomaten + 2 EL Öl
  (Seite 172)
80 g Pinienkerne

Zum Servieren
1 Stängel glatte Petersilie

1. Den Grill anheizen. Mit einem Zahnstocher die Auberginen einige Male einstechen und sie dann direkt in das Glutbett legen, auch wenn die Kohle noch brennen sollte. Die Auberginen etwa 15 Minuten grillen, bis die Schale vollständig schwarz und das Innere weich ist. Dann in eine Schüssel legen und mit einem Deckel oder Frischhaltefolie abdecken, damit die Auberginen in ihrem eigenen Dampf weiterschwitzen und einen Teil ihres Safts abgeben.

2. Die Zitronen halbieren und mit den Schnittflächen nach unten grillen.

3. Die leicht abgekühlten Auberginen schälen und darauf achten, so wenig wie möglich von dem gerösteten Aubergineninneren direkt unterhalb der Schale zu entfernen. Die geschälten Auberginen der Länge nach in 1–1½ cm dicke Scheiben schneiden und beiseitelegen.

4. 400 ml Wasser mit dem Salz zum Kochen bringen und rühren, bis das Salz sich aufgelöst hat. Den Topf vom Herd nehmen und den Knoblauch, die Petersilie, den Liebstöckel, den Pfeffer und die Koriandersamen hineingeben. Das geräucherte Tomatenöl zufügen, einen Deckel darauflegen und etwa 20 Minuten ziehen lassen. Die Bouillon in einen weiteren Topf abseihen und warm halten.

5. Die Pinienkerne in einer gusseisernen Pfanne oder in einem Sieb (siehe Tipp auf Seite 56) über dem Feuer rösten.

6. Die Bouillon mit den Auberginenscheiben und je 2 geräucherten Tomaten in Schälchen oder auf tiefen Tellern anrichten. Pinienkerne darüberstreuen und mit je einer Zitronenhälfte und etwas Petersilie garnieren.

103

SCHWARZ GERÖSTETER WIRSING
mit Zitronensauce und Wachteleiern

Für 6 Personen

2 mittelgroße Köpfe Wirsing

Zitronensauce
1 EL Rapsöl
1 EL Knoblauch, fein gehackt
1 EL Schalotten, fein gehackt
2 EL Weißwein
3 EL Zitronensaft, frisch gepresst
200 g kalte Butter, in kleine Würfel
 geschnitten

6 Wachteleier

Zum Servieren
3 kleine Chilischoten, in dünne Scheiben
 geschnitten
frischer Oregano
Sauerklee

1. Kohle oder Holzscheite nur in eine Hälfte des Grills legen, damit genug Platz bleibt, um den Wirsing später über indirekter Wärme zu grillen. Den Grill anheizen und, sobald das Feuer ordentlich brennt, die Kohlköpfe direkt auf die Kohlen legen, bis ihre äußerste Schale rundherum schwarz verbrannt ist. Von Zeit zu Zeit mit einer Grillzange wenden. Aus dem Feuer nehmen, den Grillrost auflegen und die Kohlköpfe in der anderen Grillhälfte darauf platzieren. Den Deckel schließen und den Wirsing über indirekter Wärme etwa 1 Stunde rösten, bis er fertig gegart ist und sich auf leichten Druck hin weich anfühlt. Wird die Kerntemperatur gemessen, soll sie über 80 °C liegen.

2. Das Rapsöl in einen Topf geben und bei mittlerer Temperatur erhitzen. Den Knoblauch und die Schalotten hineingeben und glasig anschwitzen. Den Weißwein und den Zitronensaft hinzugeben und etwa 10 Minuten köcheln lassen. Die Sauce in einen weiteren Topf abseihen, zurück auf den Herd stellen und die Temperatur etwas reduzieren. Die Hälfte der Butter dazugeben und kräftig aufschlagen, bis die Sauce langsam eindickt. Zusammen mit der übrigen Butter weiter zu einer schönen cremigen Sauce aufschlagen.

3. Die Wachteleier vorsichtig aufschlagen, den Deckel abnehmen und das Innere in eine Handfläche geben. Das Eiweiß ablaufen lassen und das Eigelb zunächst in die trockene Hand und von dort behutsam zurück in die Eierschale gleiten lassen.

4. Wenn der Wirsing etwas abgekühlt ist, die äußeren verkohlten Blätter entfernen und den Kohl in portionsgerechte Stücke schneiden. Auf Tellern anrichten und je 1 Eigelb in der Wachteleischale obenauf platzieren. Mit den Chilischoten, dem Oregano und dem Sauerklee bestreuen. Die Sauce über den Wirsing träufeln oder separat servieren.

SCHWARZ GERÖSTETER LAUCH
mit Calypsobohnen, geräucherten Frühlingszwiebeln und Fenchelbouillon

Für 6 Personen

Fenchelbouillon

2 EL Rapsöl
1 Zwiebel mit Schale, grob gewürfelt
1 Fenchelknolle, grob gehackt
2 Knoblauchzehen mit Schale, leicht zerdrückt
2–3 Stängel glatte Petersilie
3 Kapseln Sternanis
1 TL weiße Pfefferkörner
1 TL Salz

3 große Stangen Lauch
500 g gekochte Calypso- oder Kidneybohnen
3–4 geräucherte Frühlingszwiebeln
    (Seite 172)

Zum Servieren
Fenchelblüten (alternativ Fenchelgrün)

1. Für die Bouillon das Rapsöl bei mittlerer Temperatur in einem Topf erhitzen, die Zwiebel hinzugeben und glasig anschwitzen, bis sie langsam weich wird. Die übrigen Zutaten hinzufügen und unter Rühren anbraten. Sie sollen keine Farbe annehmen. Nach etwa 15 Minuten 300 ml Wasser angießen und zum Kochen bringen. Die Bouillon etwa 30 Minuten köcheln und etwas einreduzieren lassen. Dann in einen weiteren Topf abseihen und beiseitestellen.

2. Kohle oder Holzscheite nur in eine Hälfte des Grills legen, damit genug Platz bleibt, um den Lauch später über indirekter Wärme zu grillen. Den Grill anheizen und, sobald das Feuer ordentlich brennt, die Lauchstangen direkt auf die Kohlen legen, bis ihre äußerste Schale rundherum schwarz verbrannt ist. Aus dem Feuer nehmen, den Grillrost auflegen und die Lauchstangen in der anderen Grillhälfte darauf platzieren. Den Deckel schließen und den Lauch über indirekter Wärme etwa 30 Minuten rösten, bis er fertig gegart ist. Wird die Kerntemperatur gemessen, soll sie über 80 °C liegen.

3. Die Bouillon nochmals erhitzen, die Bohnen und die geräucherten Frühlingszwiebeln dazugeben und eine Weile köcheln lassen.

4. Die Lauchstangen erst quer halbieren, dann jeweils längs einschneiden und auf Tellern anrichten. Bohnen, geräucherte Frühlingszwiebeln und etwas Bouillon in den Lauch geben und mit Fenchelblüten bestreuen.

SCHWARZ GERÖSTETE ROTE BETE
mit Feta und Dukkah

Für 6 Personen

6 kleine Rote Beten
6 Scheiben Sauerteigbrot
Butter
60 g Feta (nach Möglichkeit aus Ziegenmilch)
6 TL Dukkah (Seite 168)
gemischte frische Kräuter
    (z. B. Oregano, glatte Petersilie,
    Shisoblätter und Basilikum)
Meersalzflocken

1. Kohle oder Holzscheite nur in eine Hälfte des Grills legen, damit genug Platz bleibt, um die Roten Beten später über indirekter Wärme zu grillen. Den Grill anheizen und, sobald das Feuer ordentlich brennt, die Roten Beten direkt auf die Kohlen legen, bis ihre äußere Schale rundherum schwarz verbrannt ist. Von Zeit zu Zeit mit einer Grillzange wenden. Aus dem Feuer nehmen, den Grillrost auflegen und die Roten Beten in der anderen Grillhälfte darauf platzieren. Den Deckel schließen und die Roten Beten über indirekter Wärme etwa 1 Stunde rösten, bis sie fertig gegart sind und sich bei leichtem Druck auf die Schale weich anfühlen. Wird die Kerntemperatur gemessen, soll sie über 60 °C liegen.

2. Die Roten Beten schälen, wenn sie ein wenig abgekühlt sind. Es ist nicht ganz einfach, die Schale zu entfernen. Zunächst versuchen, sie mit den Fingern abzuziehen, andernfalls ein Messer benutzen.

3. Für das Rösten des Brotes den Grill richtig heiß werden lassen. Die Brotscheiben mit etwas Butter bestreichen und zunächst rasch auf der Seite ohne Butter grillen. Dann auf die gebutterte Seite drehen und rösten, bis sie deutliche Grillstreifen haben.

4. Die Roten Beten in Scheiben schneiden, etwas Feta daraufbröseln und gerade so lange auf den Grillrost legen, dass der Käse zu schmelzen beginnt.

5. Je ein paar Scheiben Rote Bete mit Feta auf die Brotscheiben legen, etwas Dukkah darauf verteilen und mit Kräutern und Meersalzflocken bestreuen.

SCHWARZ GERÖSTETE SÜSSKARTOFFELN
mit in Sahne gekochten weißen Bohnen

Für 6 Personen

6 mittelgroße Süßkartoffeln
2 EL Butter
2 Schalotten, fein gewürfelt
1 EL Knoblauch, fein gehackt
1 EL Weißweinessig
600 g gekochte weiße Riesenbohnen
1 TL Abrieb von 1 unbehandelten Zitrone
200 ml Gemüsebrühe (Seite 162)
200 g Schlagsahne
100 g weicher Ziegenkäse

Zum Servieren
Olivenöl
Meersalzflocken
frisch gemahlener schwarzer Pfeffer
glatte Petersilie

1. Den Grill anheizen. Die Süßkartoffeln mit einem Zahnstocher einige Male einstechen und direkt in das Glutbett legen, auch wenn die Kohle noch brennen sollte. Die Süßkartoffeln etwa 20 Minuten grillen, bis die Schale vollständig verkohlt und das Innere weich ist.

2. Die Butter in einen Topf geben und bei mittlerer Temperatur erhitzen. Die Schalotten und den Knoblauch hinzugeben und glasig anschwitzen. Nacheinander den Essig, die Bohnen und den Zitronenabrieb sorgfältig einrühren. Die Gemüsebrühe, die Sahne und den Ziegenkäse dazugeben und bei niedriger Temperatur köcheln lassen, bis der Käse vollständig geschmolzen ist.

3. Die Süßkartoffeln längs einschneiden, so viel wie möglich von dem gerösteten Inneren herausschälen und beiseitestellen.

4. Die Bohnen und die Süßkartoffeln in Schälchen anrichten. Mit Olivenöl beträufeln, etwas Salz und Pfeffer darüberstreuen und mit Petersilie garnieren.

2 KG

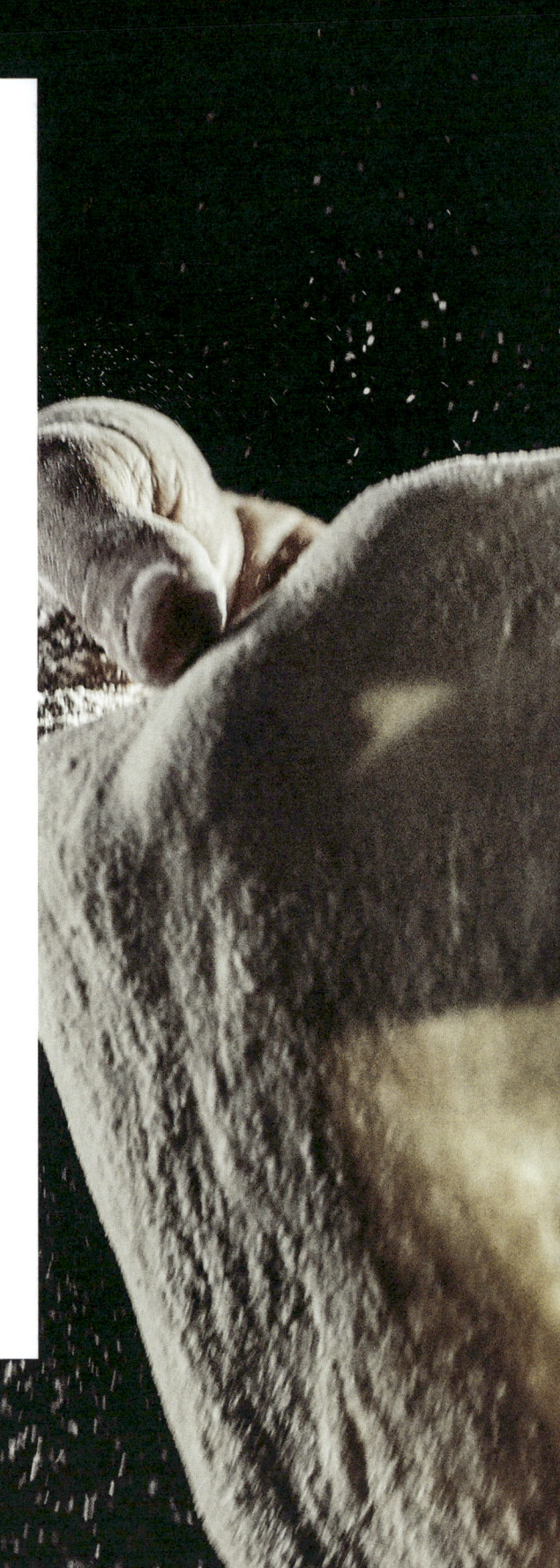

PIZZATEIG

Für 6 Pizzas

1 kg Weizenmehl Type 550
200 g Natursauerteig
20 g Meersalz

1. Das Mehl, 700 ml 40 °C warmes Wasser und den Natursauerteig mit den Händen in einer Schüssel vermengen, bis die Temperatur des Teiges auf 30–33 °C gesunken ist. Mit Frischhaltefolie abdecken und 30 Minuten gehen lassen. Das Salz dazugeben und zusammen mit weiteren 70 ml 40 °C warmem Wasser in den Teig einarbeiten. Bei Zimmertemperatur 60 Minuten gehen lassen. Den Teig während des Gehprozesses alle 20 Minuten falten: Mit befeuchteten Händen den Teig vom Rand her fassen, vorsichtig dehnen und zur Mitte hin falten. So weitermachen, bis der Teig ringsum von allen Seiten her gefaltet ist.
2. Den Teig für 24 Stunden im Kühlschrank gehen lassen. Er soll in dieser Zeit 30–50 % an Volumen zunehmen, sich luftig anfühlen und Blasen werfen. Den Teig auf einer bemehlten Arbeitsfläche in Portionen à etwa 300 g teilen. Vorsichtig zu kleinen Kugeln formen, damit nicht zu viel Luft aus den Teigstücken entweicht. Die Kugeln mit etwas Mehl bestäuben, mit einem Geschirrtuch abdecken und in Frischhaltefolie wickeln. Bei Zimmertemperatur 1–2 Stunden gehen lassen.
3. Sind die Teigkugeln fertig gegangen, sollten sie ihre Oberflächenspannung verloren sowie um etwa 20 % an Volumen zugenommen haben und etwas auseinandergegangen sein. Hinterlässt der Teig auf sanften Druck mit dem Finger einen kleinen Abdruck, kann er zu Pizzas ausgebacken werden.

Ein Holzbackofen eignet sich unvergleichlich gut zum Backen von Brot, dünnen Fladen, Pizza und dergleichen mehr. Wenn es außen knusprig werden soll, kann man aber auch ganz hervorragend Gemüse wie z. B. die Topinambur auf Seite 139 kurz darin rösten. Es gibt inzwischen auf dem Markt unglaublich gute kleine Holzbacköfen mit Steinboden, die richtig heiß werden und gut und gerne eine Temperatur von über 400 °C erreichen können.

PIZZA mit Spargel, Pimientos de Padrón, geröstetem Buchweizen und Dillöl

Für 6 Personen

6 kleine Silberzwiebeln, fein gehackt
3 EL Rapsöl
100 ml Weißwein
30 Stangen grüner Spargel,
    im unteren Drittel geschält
Weizenmehl Type 550 zum Bestäuben
6 Kugeln Pizzateig (Seite 120)
6 EL Crème fraîche
180 g Mozzarella, in dünne Scheiben
    geschnitten
6 milde grüne Chilischoten, in dünne Scheiben
    geschnitten (z.B. Pimientos de Padrón)

Zum Servieren

6 EL geröstete Buchweizenkerne (Seite 170)
Olivenöl

1. Den Holzbackofen auf 350–400 °C erhitzen. Eine Weile warten, bis auch der Stein richtig heiß ist.
2. Die Silberzwiebeln mit dem Rapsöl in einen Topf geben und bei mittlerer Temperatur erhitzen. Nach kurzer Zeit werden die Zwiebeln Flüssigkeit abgeben, die Aromen werden durch das Dünsten im eigenen Saft verstärkt. 15–20 Minuten lang etwa alle 5 Minuten umrühren und darauf achten, dass die Zwiebeln nicht geröstet oder gar schwarz werden. Den Wein hinzugeben und etwa 15 Minuten einreduzieren lassen, bis beinahe alle Flüssigkeit verdampft ist. Beiseitestellen und abkühlen lassen.
3. Die Spitzen der Spargelstangen abschneiden und den Rest in etwa 5 mm dicke Scheiben schneiden.
4. Die Arbeitsfläche großzügig mit Mehl bestäuben. Je eine Teigkugel zu einer runden Pizza formen und ein paar Minuten ruhen lassen. Den Pizzaschieber mit Mehl bestäuben, den Pizzaboden darauflegen und dabei ringsum den Rand ein wenig ziehen, um die Fläche zu vergrößern.
5. Von der Mitte zum Rand hin mit 1 EL Crème fraîche bestreichen und den Mozzarella darauf verteilen, etwa 30 g pro Pizza.
6. Dünn mit Zwiebeln, Spargel und Chilischoten belegen und in den Holzbackofen schieben. Wenn der Pizzarand Blasen wirft und knusprig braun bzw. stellenweise sogar etwas verbrannt ist, aus dem Ofen nehmen. Mit 1 EL Buchweizenkernen bestreuen und den Rand mit Olivenöl bestreichen.

PIZZA mit Süßkartoffel, gelber Tomatensauce und Belper Knolle

Für 6 Personen

1 Süßkartoffel
3 EL geschmolzene Butter
1 Knoblauchzehe, fein gehackt
Weizenmehl Type 550 zum Bestäuben
6 Kugeln Pizzateig (Seite 120)
6 EL Crème fraîche
240 g Burrata

Zum Servieren
frischer Majoran, gezupft
Meersalzflocken
Belper Knolle (alternativ anderer Hartkäse,
    z. B. Parmesan)
200 ml fermentierte gelbe Tomatensauce
    (Seite 164)

1. Den Holzbackofen auf 350–400 °C erhitzen. Eine Weile warten, bis auch der Stein richtig heiß ist.
2. Die Süßkartoffel gründlich waschen. Sorgfältig abtrocknen und in 1–2 mm dicke Scheiben schneiden. Die Süßkartoffelscheiben zusammen mit der geschmolzenen Butter und dem Knoblauch in eine Schüssel geben und mit den Händen alles gut vermengen.
3. Die Arbeitsfläche großzügig mit Mehl bestäuben. Je eine Teigkugel zu einer runden Pizza formen und ein paar Minuten ruhen lassen. Den Pizzaschieber mit Mehl bestäuben, den Pizzaboden darauflegen und dabei ringsum den Rand ein wenig ziehen, um die Fläche zu vergrößern.
4. Von der Mitte zum Rand hin mit 1 EL Crème fraîche bestreichen, vom Burrata kleine Stücke abzupfen und darauf verteilen, etwa 40 g pro Pizza.
5. Mit Süßkartoffelscheiben belegen (die Knoblauchbutter aufbewahren) und in den Holzbackofen schieben. Wenn der Pizzarand Blasen wirft und knusprig braun bzw. stellenweise sogar etwas verbrannt ist, aus dem Ofen nehmen. Mit Majoran, Salz und gehobelter Belper Knolle bestreuen, 2–3 EL Tomatensauce verteilen und den Rand mit Knoblauchbutter bestreichen.

PIZZA mit Feigen, Haselnüssen und schwarzem Knoblauchdressing

Für 6 Personen

Dressing

1 Vanilleschote
2 schwarze Knoblauchzehen
   (im Asialaden oder online erhältlich)
4 EL Olivenöl
2 EL Apfelessig
1 EL Honig
Meersalzflocken

6 frische Feigen
200 g Haselnusskerne
Weizenmehl Type 550 zum Bestäuben
6 Kugeln Pizzateig (Seite 120)
6 EL Crème fraîche
240 g weicher Ziegenkäse

Zum Servieren
Olivenöl zum Bestreichen der Ränder

1. Die Vanilleschote der Länge nach einschneiden und das Mark herauskratzen. Das Vanillemark zusammen mit den übrigen Zutaten in eine Schüssel geben, mit einem Stabmixer aufschlagen und beiseitestellen.

2. Den Holzbackofen auf 350–400 °C erhitzen. Eine Weile warten, bis auch der Stein richtig heiß ist.

3. Die Feigen waschen, trocken tupfen und in 3–4 cm dicke Scheiben schneiden. Die Haselnusskerne halbieren.

4. Die Arbeitsfläche großzügig mit Mehl bestäuben. Je eine Teigkugel zu einer runden Pizza formen und ein paar Minuten ruhen lassen. Den Pizzaschieber mit Mehl bestäuben, den Pizzaboden darauflegen und dabei ringsum den Rand ein wenig ziehen, um die Fläche zu vergrößern.

5. Von der Mitte zum Rand hin mit 1 EL Crème fraîche bestreichen, vom Ziegenkäse kleine Stücke abzupfen und darauf verteilen, etwa 40 g pro Pizza.

6. Mit Feigenscheiben und Haselnüssen belegen und in den Holzbackofen schieben. Wenn der Pizzarand Blasen wirft und knusprig braun bzw. stellenweise sogar etwas verbrannt ist, aus dem Ofen nehmen. 1 EL des Dressings darüberträufeln und den Rand mit Olivenöl bestreichen.

PIZZA mit Kürbis und Pfifferlingen

Für 6 Personen

1 kleiner Hokkaido- oder Butternusskürbis
2 EL Olivenöl
1 Knoblauchzehe, fein gehackt
Weizenmehl Type 550 zum Bestäuben
6 Kugeln Pizzateig (Seite 120)
6 EL Crème fraîche
240 g weicher Ziegenkäse
200 g Trompetenpfifferlinge, geputzt

Zum Servieren
frischer Oregano, gezupft
Sauerklee (nach Möglichkeit mit Blüten)
Meersalzflocken

1. Den Holzbackofen auf 350–400 °C erhitzen. Eine Weile warten, bis auch der Stein richtig heiß ist.
2. Den Kürbis waschen, putzen, schälen, halbieren und entkernen. Erst in Spalten und dann in dünne Scheiben schneiden. Die Kürbisscheiben zusammen mit dem Olivenöl und dem Knoblauch in eine Schüssel geben und mit den Händen alles gut vermengen.
3. Die Arbeitsfläche großzügig mit Mehl bestäuben. Je eine Teigkugel zu einer runden Pizza formen und ein paar Minuten ruhen lassen. Den Pizzaschieber mit Mehl bestäuben, den Pizzaboden darauflegen und dabei ringsum den Rand ein wenig ziehen, um die Fläche zu vergrößern.
4. Von der Mitte zum Rand hin mit 1 EL Crème fraîche bestreichen, vom Ziegenkäse kleine Stücke abzupfen und darauf verteilen, etwa 40 g pro Pizza.
5. Mit Kürbisscheiben und Pilzen belegen (das Knoblauchöl aufbewahren) und in den Holzbackofen schieben. Wenn der Pizzarand Blasen wirft und knusprig braun bzw. stellenweise sogar etwas verbrannt ist, aus dem Ofen nehmen. Mit Oregano, Sauerklee und etwas Salz bestreuen und den Rand mit Knoblauchöl bestreichen.

HEISSER GEHT NICHT **Ob Sie einen Holzbackofen oder einen normalen Backofen verwenden, wichtig ist, ihn so stark wie möglich zu erhitzen und die Pizza auf einer Art flachem Stein zu backen. Ich selbst benutze einen einfachen Holzbackofen, der preiswert und gleichzeitig einfach in der Handhabung ist. Aber es gibt ja unzählige Möglichkeiten, Pizza zu backen, man kann auch einen normalen Kugelgrill verwenden. Experimentieren Sie einfach ein wenig und finden Sie die für Sie passende Variante.**

PIZZA mit blauen Kartoffeln, Rosenkohl und Trüffel

Für 6 Personen

6 kleine blaue Kartoffeln
3 EL geschmolzene Butter
1 Knoblauchzehe, fein gehackt
Weizenmehl Type 550 zum Bestäuben
6 Kugeln Pizzateig (Seite 120)
6 EL Crème fraîche
180 g Mozzarella, in dünne Scheiben
  geschnitten
180 g Pecorino
12 Rosenkohlröschen, in dünne Scheiben
  geschnitten

Zum Servieren
frischer Trüffel

1. Den Holzbackofen auf 350–400 °C erhitzen. Eine Weile warten, bis auch der Stein richtig heiß ist.
2. Die Kartoffeln abbürsten und waschen. Sorgfältig abtrocknen und in 1–2 mm dicke Scheiben schneiden. Die Kartoffelscheiben zusammen mit der geschmolzenen Butter und dem Knoblauch in eine Schüssel geben und mit den Händen alles gut vermengen.
3. Die Arbeitsfläche großzügig mit Mehl bestäuben. Je eine Teigkugel zu einer runden Pizza formen und ein paar Minuten ruhen lassen. Den Pizzaschieber mit Mehl bestäuben, den Pizzaboden darauflegen und dabei ringsum den Rand ein wenig ziehen, um die Fläche zu vergrößern.
4. Von der Mitte zum Rand hin mit 1 EL Crème fraîche bestreichen und den Mozzarella darauf verteilen, etwa 30 g pro Pizza. Vom Pecorino kleine Stücke abbrechen und ebenfalls darauf verteilen, etwa 30 g pro Pizza.
5. Mit Kartoffelscheiben belegen (die Knoblauchbutter aufbewahren), Rosenkohlscheiben darüberstreuen und in den Holzbackofen schieben. Wenn der Pizzarand Blasen wirft und knusprig braun bzw. stellenweise sogar etwas verbrannt ist, aus dem Ofen nehmen. Den Trüffel frisch darüberhobeln und den Rand mit Knoblauchbutter bestreichen.

133

FLADENBROT mit Karotten und Salbei

Für 6 Personen

2 TL Trockenhefe
300 g Dickmilch (3 % Fett), Zimmertemperatur
1 Ei
2 EL Rapsöl
1 EL Honig
1 TL Salz
450 g Weizenmehl Type 550
  (plus mehr zum Bemehlen)
½ TL Backpulver

Belag

2 violette Karotten
2 gelbe Karotten
2 Knoblauchzehen, fein gehackt
3 EL Ghee (alternativ Butterschmalz)
frische Salbeiblätter,
  gewaschen und getrocknet
Meersalzflocken

1. Die Trockenhefe in eine Schüssel geben und die Dickmilch sorgfältig einrühren, bis sich die Hefe auflöst. Zusammen mit dem Ei, dem Rapsöl, dem Honig und dem Salz glattrühren.
2. Das Mehl und das Backpulver in einer Schüssel vermengen. Nach und nach zur Dickmilch geben und etwa 7 Minuten lang in einer Küchenmaschine zu einem geschmeidigen Teig verkneten. Er soll sich gut vom Rand lösen.
3. Den Teig mit einem sauberen Küchentuch abdecken. 1–1½ Stunden gehen lassen, bis der Teig sein Volumen verdoppelt hat.

4. Den Teig in sechs Stücke teilen und zu Kugeln formen, indem die Teigränder für eine schöne Oberflächenspannung zur Mitte hin gefaltet werden. Die Kugeln mit den gefalteten Teigrändern nach unten auf eine bemehlte Arbeitsfläche legen und mit den Handflächen leicht andrücken. Wieder mit dem Küchentuch abdecken und 1 weitere Stunde gehen lassen.
5. Den Holzbackofen auf 350–400 °C erhitzen. Eine Weile warten, bis auch der Stein richtig heiß ist.
6. Die Arbeitsfläche großzügig mit Mehl bestäuben. Je eine Teigkugel zu einem runden Fladen formen. Mit einem Teigroller zu einem Oval ausrollen und ein paar Minuten ruhen lassen. Den Pizzaschieber mit Mehl bestäuben, den Teigfladen darauflegen und dabei ringsum den Rand ein wenig ziehen, um die Fläche zu vergrößern.
7. Die Karotten waschen, putzen und trocken tupfen. Dann der Länge nach in dünne Streifen schneiden. Den Knoblauch unter das Ghee rühren und den Fladen damit bestreichen.
8. Mit Karottenstreifen und Salbeiblättern belegen. Nochmals mit dem Knoblauchghee bestreichen, mit Meersalzflocken bestreuen und in den Holzbackofen schieben. Wenn der Rand Blasen wirft und knusprig braun bzw. stellenweise sogar etwas verbrannt ist, aus dem Ofen nehmen.

135

IM HOLZBACKOFEN GEBACKENE
KAROTTEN mit Labneh

Für 6 Personen

1 kg Naturjoghurt (mit hohem Fettanteil)
12 mittelgroße violette Karotten
100 ml Apfelbranntwein (z. B. Calvados)
1 EL Honig
2 EL Rapsöl
Meersalzflocken

1. Für das Labneh ein Sieb mit einem Passiertuch oder einem sauberen Küchentuch auslegen, über eine Schüssel hängen und den Joghurt hineingeben. Für 24 Stunden in den Kühlschrank stellen. Beim Herausnehmen sollte die Schüssel mit etwa ½ l Molke und das Tuch mit dickem cremigem Labneh gefüllt sein.

2. Den Holzbackofen anheizen und auf etwa 230 °C erhitzen.

3. Die Karotten sorgfältig waschen, putzen, mit einem sauberen Küchentuch gründlich abtrocknen und beiseitestellen.

4. Eine Pfanne bei mittlerer Temperatur erhitzen. Die Joghurtmolke hineingießen und zum Kochen bringen. Die Karotten dazugeben und 10–15 Minuten kochen, bis sie außen etwas weich werden.

5. Die Molke weiter köcheln lassen, aber die Karotten aus der Pfanne nehmen und ausdampfen lassen, bis sie getrocknet sind. Dann in eine ofenfeste Form legen.

6. Den Apfelbranntwein und den Honig zur Molke geben und die Temperatur etwas erhöhen. 15–20 Minuten unter stetigem Rühren auf ⅛ der ursprünglichen Menge einkochen lassen. Vom Herd nehmen und beiseitestellen.

7. Die Karotten mit dem Rapsöl beträufeln, Meersalzflocken darüberstreuen und in den Holzbackofen schieben. Nach 1–2 Minuten herausnehmen, die Karotten wenden und zurück in den Ofen schieben. Viermal wiederholen, dann die Karotten aus dem Ofen nehmen und ruhen lassen.

8. Die Karotten auf Tellern anrichten, einen großen Klecks Labneh dazugeben und mit Molkereduktion beträufeln.

TOPINAMBURSUPPE mit geräucherter Buttermilch

Für 6 Personen

600 g Topinamburknollen
6–7 Knoblauchzehen mit Schale,
    leicht zerdrückt
1 Zweig frischer Thymian
1 Stängel frischer Oregano
3 EL Rapsöl
1 TL Meersalzflocken

Suppe

1 EL geräucherte Butter (Seite 149)
1 EL Rapsöl
2 kleine Schalotten, fein gehackt
400 ml trockener Apfelmost
200 ml Gemüsebrühe (Seite 162)
400 g geräucherte Buttermilch (Seite 149)
300 g Fruchtfleisch von den gerösteten
    Topinamburknollen

Zum Servieren

6 EL geräucherte Butter (Seite 149),
    geschmolzen
Brunnenkresse
Meersalzflocken
frisch gemahlener schwarzer Pfeffer

1. Den Holzbackofen anheizen und auf etwa 250 °C erhitzen.
2. Die Topinamburknollen sorgfältig waschen und putzen. Mit einem sauberen Küchentuch gründlich abtrocknen und zusammen mit dem Knoblauch und den Kräutern auf ein Backblech geben. Mit dem Rapsöl beträufeln, die Meersalzflocken darüberstreuen und in den Holzbackofen stellen. Nach 4–5 Minuten herausnehmen, die Topinambur wenden und zurück in den Ofen schieben. Viermal wiederholen, dann das Backblech aus dem Ofen nehmen und für 10–15 Minuten mit Alufolie abdecken, damit die Topinambur in ihrem eigenen Dampf weitergaren. Ein Drittel der Topinamburknollen in 5 mm dicke Scheiben schneiden und beiseitestellen. Das Innere der übrigen Knollen herauslöffeln und für die Suppe verwenden.
3. Die geräucherte Butter, das Rapsöl und die Schalotten in einem Topf bei mittlerer Temperatur erhitzen. Die Schalotten etwa 10 Minuten lang unter stetigem Rühren glasig anschwitzen. Den Apfelmost angießen, die Temperatur etwas erhöhen und für weitere 5 Minuten kochen. Die Gemüsebrühe, die Buttermilch und das Topinamburfleisch dazugeben. Die Temperatur reduzieren, alles sorgfältig vermengen und weitere 10 Minuten köcheln lassen. Vom Herd nehmen, einen Deckel auflegen und beiseitestellen.
4. Die Suppe in Schälchen oder auf tiefen Tellern anrichten und ein paar Topinamburscheiben darauf verteilen. Mit geräucherter Butter beträufeln, mit Brunnenkresse garnieren und mit Salz und Pfeffer würzen.

ESSKASTANIEN AUS DEM HOLZBACK-OFEN mit Spargel und geräucherter Sahne

Für 6 Personen

600 g grüner Spargel,
    im unteren Drittel geschält
2 EL Rapsöl
400 g Esskastanien
2 EL Butterschmalz, geschmolzen
Meersalzflocken
200 g geräucherte Sahne (Seite 149)
Abrieb von ½ unbehandelten Limette

Zum Servieren
Kapuzinerkresse (Blüten und Blätter),
    gewaschen und getrocknet

1. Den Holzbackofen anheizen und auf etwa 300 °C erhitzen.
2. Die Spargelstangen mit 1 EL Rapsöl in einer Schüssel vermengen und beiseitestellen.
3. Die Esskastanien kreuzförmig einschneiden. In eine gusseiserne Pfanne geben, 1 EL Rapsöl darüberträufeln, mit Meersalzflocken bestreuen und in den Holzbackofen schieben. Nach 1–2 Minuten herausnehmen, die Esskastanien wenden und zurück in den Ofen schieben. Viermal wiederholen, dann die Esskastanien aus dem Ofen nehmen und beiseitestellen.
4. Jetzt die Spargelstangen in die gusseiserne Pfanne legen und in den Holzbackofen schieben. Nach etwa 1 Minute herausnehmen und prüfen, ob sie bereits gar sind. Die Spargelstangen wenden und für 1 weitere Minute im Ofen backen, dann aus dem Ofen nehmen und beiseitestellen.
5. Die Esskastanien schälen und mit dem Butterschmalz in einer Schüssel vermengen. Die Esskastanien aus der Schüssel nehmen und beiseitestellen. Die geräucherte Sahne und den Limettenabrieb in die Schüssel geben und mit dem Butterschmalz glattrühren.
6. Je 2–3 EL des Sahnedressings auf Teller geben. Die Esskastanien und den Spargel darauf anrichten, mit etwas Meersalzflocken bestreuen und mit Kapuzinerkresse garnieren.

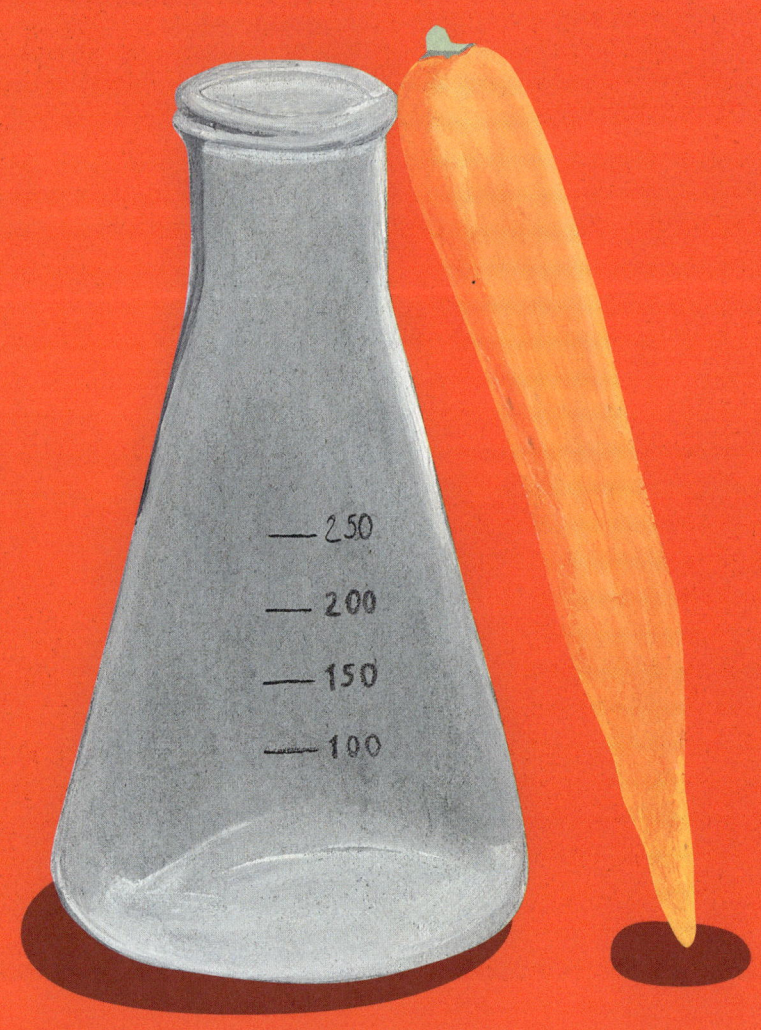

GERÄUCHERTE SAHNE

700 g Schlagsahne
glühende Kohle

1. Den Grill mit Holz anheizen und zu einer kräftigen Glut herunterbrennen lassen.
2. Die Schlagsahne in eine feuerfeste Form gießen. Ungefähr eine Handvoll glühende Kohle – Achtung, unbedingt eine Grillzange verwenden! – aus dem Grill nehmen und in die Sahne geben. Über Nacht oder zumindest für ein paar Stunden in den Kühlschrank stellen.
3. Durch ein grobmaschiges Sieb in eine Schüssel abgießen.

GERÄUCHERTE BUTTER UND BUTTERMILCH

700 g geräucherte Sahne (Rezept links)
Meersalzflocken

1. Die Sahne zu Butter schlagen. Wie lange das dauert, hängt ganz von der Herangehensweise ab, aber man sieht auf jeden Fall sofort, wenn die Butter fertig ist. Die Flüssigkeit, die sich rund um den Butterklumpen sammelt, ist die Buttermilch – unbedingt aufbewahren, denn sie eignet sich hervorragend, um darin Gemüse oder Hülsenfrüchte zu kochen.
2. Den Butterklumpen unter kaltem Wasser abspülen und den letzten Rest Flüssigkeit abfließen lassen. Dann die Butter in ein sauberes Küchentuch legen und vorsichtig trocken tupfen, um die Flüssigkeit außen auf dem Butterklumpen zu entfernen. Rundherum mit Salz bestreuen und in den Kühlschrank stellen.

RÄUCHERN SIE VEGAN **Dieselbe Technik kann natürlich auch auf das Räuchern von z.B. auf Nüssen oder Hafer basierenden Alternativen angewandt werden.**

KALTE GESÄUERTE Tomatensuppe

Für 6 Personen

Kohlrabi in Holunderessig

2 kleine Knollen Kohlrabi

100 ml Holunderblütenessig (alternativ
    Champagner- oder Apfelessig)

1 Msp. Meersalzflocken

1½ l fermentierte gelbe Tomatensauce
    (Seite 164)

360 ml Gin (60 ml pro Portion)

ein paar Tropfen Habanero-Sauce

Zum Servieren

geräucherte Tomaten + etwas Öl (Seite 172)

Saatenkräcker, zerkrümelt

Holunderblüten (optional)

1. Die Kohlrabiknollen schälen und fein würfeln. Mit dem Essig und dem Salz in einer
   Schüssel vermengen und etwa 1 Stunde ziehen lassen.
2. Die fermentierte gelbe Tomatensauce mit
   dem Gin und der Habanero-Sauce in einer
   Karaffe vermengen.
3. Die Suppe in Schälchen oder auf tiefen Tellern anrichten, geräucherte Tomaten hineingeben und etwas von dem geräucherten Öl
   darüberträufeln. Mit Kohlrabiwürfeln, zerkrümelten Saatenkräckern und Holunderblüten bestreuen.

KÄLTERE SUPPE **Persönlich mag ich diese Suppe kühlschrankkalt, aber natürlich
kann man auch jederzeit ein paar Eiswürfel hineingeben, wenn sie an einem
warmen Sommertag noch erfrischender sein soll.**

Ein massiver Holzklotz oder Baumstumpf kann, kreuzförmig tief eingesägt, gute Dienste als Feuerstelle oder Grill leisten. Zünden Sie ein paar Sägespäne am Boden des Kreuzes an und lassen Sie das Feuer an den Seiten entlang brennen, bis eine schöne Glut entstanden ist. Sie brennt zuverlässig für mehrere Stunden.

RAUCHIGE ZWIEBELSUPPE
mit gratiniertem Weißschimmelkäse

Für 6 Personen

12 mittelgroße Zwiebeln, fein gehackt
4 EL Butter
1 EL Weißweinessig
1 TL Salz
500 ml Weißwein
500 ml Gemüsebrühe (Seite 162)

Gratinierter Weißschimmelkäse
1 ganzer Weißschimmelkäse (z. B. Brie,
    möglichst in einer Spanschachtel)
1 Knoblauchzehe, geviertelt
1 Zweig frischer Rosmarin
2 EL Weißwein

Zum Servieren
gegrillte Brotscheiben
frischer Thymian

1. In einem Grill mit Deckel einige Holzscheite entzünden und den Grillrost auflegen, oder alternativ Sägespäne in einem großen aufgesägten Baumstumpf oder Holzklotz entzünden (siehe Tipp auf Seite 153).
2. Die Zwiebeln, die Butter, den Essig und das Salz in einem Lehmtopf vermengen. Auf die Flammen stellen und mit dem Deckel verschließen. Nach kurzer Zeit werden die Zwiebeln Flüssigkeit abgeben, die Aromen werden durch das Dünsten im eigenen Saft verstärkt. 1 Stunde lang etwa alle 15 Minuten umrühren. Darauf achten, dass die Zwiebeln nicht anbrennen. (Sollten sie zu trocken werden, schon etwas Weißwein zugeben.) Beim Umrühren den Deckel einmal über dem Topf zirkulieren lassen, damit Rauch in den Topf eindringt und die Zwiebeln aromatisiert werden.
3. Nach etwa 1 Stunde den Wein und die Gemüsebrühe angießen und je nach Temperatur weitere 2–3 Stunden köcheln lassen. Die Zwiebeln sollen eine dunkelbraune Farbe angenommen haben und die Flüssigkeit mindestens um ¼ einreduziert sein. Die Suppe von Zeit zu Zeit kontrollieren und auch bei dieser Gelegenheit mit dem Deckel über den Topf kreisen, damit Rauch in den Topf gelangt.
4. Den Topf vom Feuer nehmen und neue Kohle oder Holzscheite in eine Hälfte des Grills nachlegen und anzünden. Wenn der Grill über ein Thermometer verfügt, prüfen, ob die Temperatur etwa 200 °C erreicht hat. Den Käse in der Spanschachtel in eine ofenfeste Form stellen (möglicherweise rinnt ein wenig Käse aus der Schachtel, daher ist es besser, ein Gefäß unterzustellen). Den Käse kreuzweise einschneiden und den Knoblauch hineindrücken. Den Rosmarinzweig obenauf legen und mit dem Wein beträufeln. Die Form auf den Grill stellen, den Deckel schließen und über indirekter Wärme etwa 20 Minuten gratinieren. Zeitgleich die Brotscheiben direkt über der Glut auf dem Grillrost rösten.
5. Die Suppe mit etwas Thymian bestreuen und den Käse in der Form dazu servieren. Das Brot in den Käse tunken und dann ein wenig von den Zwiebeln daraufgeben.

SO GELINGEN DIE ZWIEBELN **Wenn ich Zwiebeln hacke, die lange geschmort werden sollen, möchte ich, dass sie so gleichmäßig wie möglich aussehen. Zuerst schneide ich die Wurzel sowie den Lauchansatz ab und halbiere die Zwiebel dann der Länge nach von der Wurzel bis zur Spitze. Danach schäle ich die Zwiebel und schneide sie in 3–4 mm dicke gleichmäßige Ringe bzw. Streifen.**

156

RAUCHIGER BETE-PILZ-EINTOPF

Für 6 Personen

3 Rote Beten
3 Gelbe Beten
2 EL Rapsöl
300 g gemischte Pilze, geputzt und
    nach Bedarf in Stücke geschnitten
3 Zwiebeln, abgezogen und geviertelt
2 Knoblauchzehen mit Schale, leicht zerdrückt
1 Lorbeerblatt
1 Zweig frischer Thymian
1 EL Rotweinessig
600 ml Rotwein
400 ml Gemüsebrühe (Seite 162)

Zum Servieren

frischer Thymian, gezupft
glatte Petersilie, gezupft
1 EL Rapsöl
Meersalzflocken
frisch gemahlener schwarzer Pfeffer
eingelegte Perlzwiebeln (Seite 175)

1. In einem Grill mit Deckel Kohle oder Holzscheite nur in eine Hälfte legen, damit genug Platz bleibt, um die Beten später über indirekter Wärme zu grillen. Den Grill anheizen und, sobald das Feuer ordentlich brennt, die Beten direkt auf die Kohlen legen, bis ihre äußerste Schale rundherum schwarz verbrannt ist. Von Zeit zu Zeit mit einer Zange wenden. Aus dem Feuer nehmen, den Grillrost auflegen und die Beten in der anderen Grillhälfte darauf platzieren. Den Deckel schließen und die Beten über indirekter Wärme etwa 1 Stunde rösten, bis sie fertig gegart sind und sich bei leichtem Druck auf die Schale weich anfühlen. Wird die Kerntemperatur gemessen, soll sie über 90 °C liegen. Vom Grill nehmen und abkühlen lassen.

2. Einige Holzscheite in dem Grill entzünden und den Grillrost auflegen, oder alternativ Sägespäne in einem großen aufgesägten Baumstumpf bzw. Holzklotz entzünden (siehe Tipp auf Seite 153).

3. Das Rapsöl in einen gewässerten Lehmtopf geben und diesen auf das Feuer stellen. Ist das Öl heiß, die Pilze hineingeben, anbraten und von Zeit zu Zeit umrühren. Mit einem Schaumlöffel herausnehmen und beiseitestellen.

4. Die Zwiebeln in das Öl geben und etwa 5 Minuten anschwitzen, bis sie langsam weich werden und Farbe annehmen. Den Knoblauch, das Lorbeerblatt und den Thymianzweig dazugeben und umrühren. Mit dem Essig ablöschen und 1 Minute unter stetigem Rühren abwarten, bis er verdampft ist und von den Zwiebeln absorbiert wurde. Mit dem Wein und der Gemüsebrühe aufgießen und 1 Stunde kochen. Von Zeit zu Zeit umrühren und prüfen, dass die Flüssigkeit nicht verkocht. Dabei jedes Mal den Deckel einmal über dem Lehmtopf zirkulieren lassen, damit der Rauch in den Eintopf dringt und ihn aromatisiert. Dann die Bouillon in ein weiteres Gefäß abseihen und den Lehmtopf abwaschen.

5. Die abgekühlten Beten schälen. Zunächst versuchen, die Schale mit den Fingern abzuziehen, andernfalls ein Messer benutzen. Die Beten in kleinere Stücke schneiden, damit sie mit einem Löffel verzehrt werden können.

6. Den Lehmtopf erneut auf die Glut stellen. Die Pilze und die Beten hineingeben und mit der Bouillon aufgießen. Den Eintopf erneut zum Kochen bringen. Vom Grill nehmen und etwas Thymian und Petersilie darüberstreuen. Mit dem Rapsöl beträufeln und mit Salz und Pfeffer abschmecken. Dazu die Perlzwiebeln in einem separaten Schälchen servieren.

157

GEMÜSEBRÜHE

Ergibt etwa 2 l

2 EL Rapsöl
110 g Zwiebeln, grob gehackt
70 g Lauch, grob gehackt
120 g Karotten, grob gehackt
50 g Stangensellerie, grob gehackt
50 g Fenchel, grob gehackt
1 Knoblauchknolle mit Schale,
   halbiert und zerdrückt
2 Lorbeerblätter
1 TL weiße Pfefferkörner
1 TL Koriandersamen
1 EL Weißweinessig
6 Stängel glatte Petersilie
4 Stängel Liebstöckel

1. Das Rapsöl in einen großen Topf geben und bei mittlerer Temperatur erhitzen. Alle Zutaten außer der Petersilie und dem Liebstöckel hineingeben und gründlich verrühren. 5–7 Minuten anschwitzen, bis das Suppengemüse weich ist. Von Zeit zu Zeit umrühren, damit es nicht zu dunkel wird.
2. 4 l Wasser angießen und bei hoher Temperatur 1–1½ Stunden kochen, bis die Bouillon ungefähr um die Hälfte einreduziert ist.
3. Den Topf vom Herd nehmen. Die Petersilie und den Liebstöckel in die Bouillon geben und 20–30 Minuten abgedeckt ziehen lassen. In eine Schüssel abseihen und abkühlen lassen. Im Kühlschrank aufbewahren oder alternativ in Eiswürfelformen gießen und einfrieren.

EINGELEGTE ROTE ZWIEBELN

Würziger 1-2-3-Sud
200 ml Essigessenz
360 g Zucker oder Rohrzucker
3 Korianderwurzeln, in feine Scheiben
   geschnitten
2–4 Piri-Piri-Chilischoten (auch bekannt
   als Birdseye-Chilischoten)
2 Lorbeerblätter
1 TL schwarze Pfefferkörner
1 TL Koriandersamen
1 TL rosa Pfefferbeeren

500 g rote Zwiebeln, dünn geschnitten
Salz

Eiswürfel
1 sterilisiertes Einmachglas (500 ml)
   mit Deckel

1. Die Essigessenz mit dem Zucker und 600 ml Wasser zum Kochen bringen und rühren, bis der Zucker sich aufgelöst hat. Die Gewürze hinzufügen, die Temperatur reduzieren und den Sud ein paar Minuten sieden lassen. Den Sud in eine Schüssel abseihen und abkühlen lassen. Zum vollständigen Auskühlen in den Kühlschrank stellen.
2. Wasser mit reichlich Salz in einem Topf zum Kochen bringen. Die Zwiebeln hinzugeben und etwa 2 Minuten blanchieren. Abseihen und gründlich mit kaltem Wasser abspülen. In eine Schüssel mit kaltem Wasser und Eiswürfeln geben.
3. Die Zwiebeln abtropfen lassen und in das Einmachglas füllen. Mit dem Sud übergießen, verschließen und in den Kühlschrank stellen. Nach 24 Stunden sind die eingelegten Zwiebeln fertig.

FERMENTIERTE GELBE TOMATENSAUCE

1 kg gelbe Tomaten
100 g Stangensellerie
24 g Salz, nicht jodiert
200 g helles Basiskimchi (Rezept rechts)

1 großes sterilisiertes Einmachglas (1½ l)
  mit Gummiring und Bügelverschluss

1. Die Tomaten waschen und halbieren. Den Stangensellerie waschen, putzen und in dünne Scheiben schneiden. Die Tomaten und den Sellerie in eine Schüssel geben und das Salz einmassieren. Die Tomaten dabei fest ausdrücken, damit sie Saft abgeben. Bei Zimmertemperatur mindestens 1 Stunde ziehen lassen. Von Zeit zu Zeit durchmengen und ausdrücken.
2. Das Basiskimchi in die Schüssel geben und mit den Händen untermengen.
3. Die Masse in das Einmachglas füllen, aber 2–3 cm Luft bis zum Rand lassen. Etwas Wasser in einen Plastikbeutel gießen, diesen verknoten und zum Beschweren obenauf legen. Das Glas verschließen und in einem Plastikbeutel auf ein Tablett stellen, da eine Menge Flüssigkeit austreten wird (darauf achten, den Beutel oben nicht zu verschließen). Das Glas bei Zimmertemperatur 5–7 Tage stehen lassen.
4. Das Glas in den Kühlschrank stellen. Nach ein paar Tagen herausnehmen, den Inhalt in eine Schüssel geben und glatt pürieren. Die Sauce durch ein Sieb abgießen und in sterilisierte Flaschen umfüllen. Im Kühlschrank aufbewahren.

HELLES BASISKIMCHI

2 EL Reismehl
100 g helle Misopaste
4 Schalotten, grob gehackt
2 weiße oder gelbe Karotten, grob gehackt
100 g Rettich (3–4 cm), grob gehackt
12 g frischer Ingwer
½ Knolle Knoblauch, grob gehackt
3–4 milde Chilischoten, fein gehackt

1. 500 ml Wasser mit dem Reismehl in einem Topf zum Kochen bringen. Dabei stetig rühren, damit sich keine Klümpchen bilden. Die Temperatur reduzieren und die Misopaste einrühren. Etwa 5 Minuten köcheln lassen. Den Topf vom Herd nehmen und die Mischung abkühlen lassen. Über Nacht in den Kühlschrank stellen.
2. Die Schalotten, die Karotten, den Rettich, den Ingwer und den Knoblauch in einem Mixer fein pürieren. Wird die Masse zu zäh, einen Schuss Wasser dazugeben.
3. Die Reismehlmischung, das Püree und die Chilischoten in ein Einmachglas geben und gut vermengen. Im Kühlschrank aufbewahren. Sollte das Basiskimchi erst zu einem späteren Zeitpunkt verwendet werden, lässt es sich gut einfrieren.

MAYONNAISE AUF BASIS VON AQUAFABA

100 ml *aquafaba* (Kochwasser von Kicher-
   erbsen aus dem Glas bzw. der Dose)
1 EL Dijonsenf
1 EL Zitronensaft, frisch gepresst
1 TL Salz (plus mehr zum Abschmecken)
½ TL frisch gemahlener weißer Pfeffer
450 ml Rapsöl (nicht kaltgepresst)

1. Alle Zutaten außer dem Rapsöl in ein Becherglas oder eine hohe schmale Schüssel
   geben. Mit einem Stabmixer alles gründlich
   vermengen.
2. Den Stabmixer ganz ruhig auf dem Boden
   der Schüssel laufen lassen und während des
   Mixens das Öl zuerst tropfenweise, dann in
   dünnem Strahl zugießen. Beginnt die Mayonnaise fester zu werden, den Stabmixer
   langsam nach oben ziehen. Weitermixen,
   bis die Mayonnaise die richtige Konsistenz
   hat. Mit Salz abschmecken.

MAYONNAISE AUF BASIS VON GEKOCHTEN KARTOFFELN

2 große mehligkochende Kartoffeln,
   geschält und gekocht (etwa 300 g)
2 EL Dijonsenf
1 EL Zitronensaft, frisch gepresst
1 TL Salz
½ TL frisch gemahlener weißer Pfeffer
300 ml Rapsöl (optional)

Alle Zutaten in einem Mixer auf höchster Stufe
etwa 1½ Minuten pürieren. Nach Belieben das
Rapsöl hinzufügen (Rezept oben, Schritt 2).

MAYONNAISE AUF BASIS VON EI

2 Eier
1 EL Dijonsenf
1 EL Weißweinessig
2 EL kaltgepresstes Olivenöl (optional)
500 ml Rapsöl (nicht kaltgepresst)
Meersalzflocken

1. Die Eier in ein Becherglas oder eine hohe
   schmale Schüssel geben. Den Dijonsenf, den
   Essig und nach Belieben das Olivenöl dazugeben. (Etwas Olivenöl sorgt für einen tollen
   Geschmack, besonders, wenn die Mayonnaise ansonsten nicht weiter aromatisiert wird.
   Bei ausschließlicher Verwendung von kalt-
   gepresstem Olivenöl wird die Mayonnaise
   allerdings leicht bitter.) Mit einem Stabmixer alles gründlich vermengen.
2. Den Stabmixer ganz ruhig auf dem Boden
   der Schüssel laufen lassen und während
   des Mixens das Rapsöl zuerst tropfenweise,
   dann in dünnem Strahl zugießen. Beginnt
   die Mayonnaise fester zu werden, den Stabmixer langsam nach oben ziehen. Weitermixen, bis die Mayonnaise die richtige Konsistenz hat. Mit Salz abschmecken.

SRIRACHAMAYONNAISE **Wählen Sie eines der Grundrezepte oben und ziehen Sie
nach dem Mixen vorsichtig 2 EL Srirachasauce unter die Mayonnaise.**

DUKKAH

65 g Haselnusskerne

8 Macadamianüsse

1 TL Koriandersamen

½ TL Kreuzkümmel

½ TL getrockneter Oregano

1 TL mildes Chilipulver (z.B. Piment
    d'Espelette)

1 TL Salz

1. Eine Pfanne ohne Fett bei mittlerer Temperatur erhitzen und die Nüsse und Koriandersamen hineingeben. Etwa 5 Minuten goldbraun rösten und von Zeit zu Zeit umrühren, damit sie nicht anbrennen. Vom Herd nehmen.
2. Zusammen mit dem Kreuzkümmel, dem Oregano, dem Chilipulver und dem Salz in einen Mixer geben und vorsichtig zerkleinern. Achtung, das Dukkah soll nicht pulverisiert werden! In einer Dose mit Deckel an einem trockenen Ort aufbewahren.

ZICHORIENDUKKAH

3 EL Mandelkerne

8 Walnusskerne

1 EL Sonnenblumenkerne

1 EL weiße Sesamsamen

1 TL Koriandersamen

1 TL Schwarzkümmelsamen

1 TL getrocknete Zichorienwurzel

1 TL Salz

1. Eine Pfanne ohne Fett bei mittlerer Temperatur erhitzen und die Nüsse, die Sonnenblumenkerne, die Sesamsamen und die Koriandersamen hineingeben. Etwa 5 Minuten goldbraun rösten und von Zeit zu Zeit umrühren, damit sie nicht anbrennen. Vom Herd nehmen.

2. Zusammen mit dem Schwarzkümmel, der Zichorienwurzel und dem Salz in einen Mixer geben und vorsichtig zerkleinern. Achtung, das Dukkah soll nicht pulverisiert werden! In einer Dose mit Deckel an einem trockenen Ort aufbewahren.

SCHWARZES DUKKAH

grüne Blätter von 1 Stange Lauch

1 Scheibe dunkles Roggenbrot (möglichst
    etwas malzig-süß)

50 g Walnusskerne

1 EL schwarze Sesamsamen

1 TL Koriandersamen

1 TL Schwarzkümmelsamen

1 EL Ancho-Chilischote, fein gehackt

1 TL schwarzes Himalayasalz

1. Den Backofen auf 250 °C (Ober-/Unterhitze) vorheizen. Das Lauchgrün waschen, putzen, trocken schütteln und in lange schmale Streifen schneiden. Auf einem Backblech für einige Minuten in den Ofen geben, bis sie ganz und gar schwarz sind. Das Backblech herausnehmen und die Lauchstreifen wenden. Zurück im Ofen auch die andere Seite schwarz werden lassen. Herausnehmen und abkühlen lassen. Den verkohlten Lauch in einem Mixer zu feinem Pulver mahlen.
2. Eine Pfanne ohne Fett bei mittlerer Temperatur erhitzen. Die Brotscheibe hineinreiben und die Walnüsse, die Sesam- und die Koriandersamen dazugeben. Etwa 5 Minuten rösten, bis die Mischung etwas Farbe angenommen hat und zu duften beginnt. Von Zeit zu Zeit umrühren, damit sie nicht anbrennt. Vom Herd nehmen.
3. Die Nussmischung und die Lauchasche zusammen mit dem Schwarzkümmel, der Chilischote und dem Salz in einen Mixer geben und vorsichtig zerkleinern. Achtung, das Dukkah soll nicht pulverisiert werden! In einer Dose mit Deckel an einem trockenen Ort aufbewahren.

168

FURIKAKE MIT GERÖSTETEM PALMKOHL

100 g Palmkohl
2 EL Buchweizenkerne
2 EL Mandelkerne
2 EL Sonnenblumenkerne
1 EL schwarze Sesamsamen
1 EL weiße Sesamsamen
½ TL Szechuanpfefferkapseln
10 g getrockneter Kombu
    (alternativ getrocknete Nori-Alge)
Meersalzflocken

1. Den Backofen auf 120 °C (Ober-/Unterhitze) vorheizen. Den Palmkohl auf ein Backblech legen und etwa 20 Minuten rösten, bis er vollständig getrocknet und knusprig ist.

2. Eine Pfanne ohne Fett bei mittlerer Temperatur erhitzen. Die Buchweizenkerne, die Mandeln, die Sonnenblumenkerne, die Sesamsamen und den Szechuanpfeffer hineingeben. Etwa 5 Minuten rösten, bis alles etwas Farbe angenommen hat und zu duften beginnt. Von Zeit zu Zeit umrühren, damit nichts anbrennt. Vom Herd nehmen.

3. Zusammen mit dem Palmkohl, dem Kombu und dem Salz in einen Mixer geben und vorsichtig zerkleinern. Achtung, das Furikake soll nicht pulverisiert werden! In einer Dose mit Deckel an einem trockenen Ort aufbewahren.

GERÖSTETE BUCHWEIZEN-KERNE

300 g Buchweizenkerne
1 EL Rapsöl

1. Die Buchweizenkerne zunächst mit heißem und dann mit kaltem Wasser abspülen. In eine Schüssel mit Wasser geben und mindestens 60 Minuten stehen lassen.

2. In ein Sieb abgießen und auf einem sauberen Küchentuch etwas trocknen lassen.

3. Das Rapsöl in einer Pfanne bei mittlerer Temperatur erhitzen und die Buchweizenkerne dazugeben. Etwa 5 Minuten rösten, bis sie goldbraun und knusprig sind. Von Zeit zu Zeit rühren, damit sie nicht anbrennen.

HARISSA

1 große rote Paprikaschote
6 milde rote Chilischoten
1 TL Meersalzflocken
½ TL Koriandersamen
½ TL Kreuzkümmelsamen
½ TL schwarze Pfefferkörner
2 EL Rapsöl
1 mittelgroße rote Zwiebel, fein gehackt
3 Knoblauchzehen, fein gehackt
1½ EL Tomatenmark
2 EL Zitronensaft, frisch gepresst
1 TL Salz

1. Den Grill anheizen und die Paprikaschote sowie die Chilischoten über dem brennenden Feuer rundherum grillen, bis sie außen schwarz werden. Zusammen mit dem Salz in einen Plastikbeutel geben und etwa 10 Minuten in ihrem eigenen Dampf schwitzen lassen. Sind sie nach 10–15 Minuten abgekühlt, die Häute durch Kneten durch den Beutel hindurch entfernen. Die Schoten herausnehmen und der Länge nach halbieren. Die Kerne entfernen, aber aufbewahren. Das Fruchtfleisch fein hacken.

2. Eine gusseiserne Pfanne ohne Fett bei mittlerer Temperatur erhitzen und die Chili- und Paprikakerne zusammen mit dem Koriander, dem Kreuzkümmel und dem Pfeffer etwa 2 Minuten goldbraun rösten, bis sie duften. Die Gewürze in einem Mörser grob zerstoßen.

3. Die gusseiserne Pfanne erneut bei mittlerer Temperatur erhitzen und das Rapsöl hineingeben. Beginnt es zu rauchen, die Zwiebel und den Knoblauch dazugeben und etwa 5 Minuten unter Rühren anschwitzen. Die gehackten Paprika- und Chilischoten sowie das Tomatenmark hinzugeben und alles etwa 10 Minuten unter Rühren schmoren lassen, bis es dunkler geworden und nahezu karamellisiert ist.

4. In einer Küchenmaschine oder einem Mixer mit dem Zitronensaft, den zerstoßenen Gewürzen und dem Salz glatt pürieren. Sollte die Paste zu fest werden, etwas mehr Öl zugeben. In einem sterilisierten Glas im Kühlschrank ist das Harissa mindestens 2 Wochen haltbar.

LOUISIANA HOT SAUCE

500 g rote Jalapeño-Chilischoten
1 EL Rapsöl
2½ TL Meersalz
100 ml Champagneressig (alternativ Weißweinessig)

1. Die Chilischoten von ihrem Strunk befreien und die Kerne aus den Schoten herauslösen. 100 g des Fruchtfleischs beiseitelegen. Die übrigen 400 g in einer Schüssel sorgfältig mit dem Rapsöl vermengen.

2. Den Grill anheizen und die Chilischoten über dem brennenden Feuer rundherum grillen, bis sie außen schwarz werden. Beiseitelegen und vollständig abkühlen lassen.

3. Alle Chilischoten mit dem Salz und 2½ EL Wasser in einem Mixer glatt pürieren. In ein Fermentierglas mit Gärverschluss geben und mindestens 6 Wochen bei Zimmertemperatur stehen lassen.

4. Die Mischung durch ein feinmaschiges Sieb abgießen. Den Essig hinzugeben und die Sauce in sterilisierte Glasflaschen abfüllen. Im Kühlschrank ist sie mehrere Jahre haltbar.

RAUCHIGERE SAUCE **Soll der Geschmack etwas rauchiger sein, kann man getoastete Eichenholzspäne (Stärke: medium) kaufen und während der Fermentierungsphase in Schritt 3 zugeben. Erhältlich sind sie in Fachgeschäften für Zubehör zur Bier- und Weinherstellung.**

171

GERÄUCHERTE ZWIEBELN

2–3 Handvoll Räucherspäne

500 g Zwiebeln, halbiert
1 frische Knoblauchknolle, quer halbiert
frische Kräuter (z. B. Thymian und Rosmarin)
Abrieb von 1 unbehandelten Zitrone
½ TL Salz
180 ml Rapsöl

1. Den Grill anheizen. Eine große Ofenform und eine kleinere ofenfeste Schale mit einem Rand von 1–1½ cm Höhe (er darf allerdings nicht höher als der Rand der Ofenform sein) bereitstellen. Eine dünne Schicht Räucherspäne auf dem Boden der großen Ofenform ausbreiten und dann die kleinere Schale daraufstellen.

2. Die Zwiebeln mit der Schnittfläche nach oben zusammen mit dem Knoblauch, den Kräutern und dem Zitronenabrieb in die kleinere Schale legen. Mit dem Salz bestreuen und etwas Rapsöl darüberträufeln. Die Ofenformen mit Alufolie abdecken und auf den Grill stellen. Nach ein paar Minuten sollten die Späne beginnen zu rauchen und der Rauch unter der Folie herausdringen (geschieht dies nicht, die Folie an einer Ecke etwas aufklappen, um zu prüfen, ob es raucht). Ist dies der Fall, die Ofenform vom Grill nehmen und für ein paar Minuten beiseitestellen. Diese Prozedur 3–4 Mal wiederholen. Schließlich die Folie entfernen und prüfen, ob die Zwiebeln, der Knoblauch und das Öl dunkler geworden sind. Andernfalls die beschriebene Technik ein paar weitere Male anwenden.

3. Die Zwiebeln in ein sterilisiertes Glas geben, das übrige Öl darübergießen und das Glas verschließen. Die Zwiebeln unmittelbar vor dem Servieren nach Belieben kurz in etwas Öl anbraten – so werden sie erhitzt und die Aromen verstärkt.

GERÄUCHERTE TOMATEN

2–3 Handvoll Räucherspäne

250 g gelbe Cocktailtomaten
250 g rote Cocktailtomaten
1 frische Knoblauchknolle, quer halbiert
frische Kräuter (z. B. Thymian und Rosmarin)
Abrieb von 1 unbehandelten Zitrone
½ TL Salz
180 ml Rapsöl

1. Den Grill anheizen. Eine große Ofenform und eine kleinere ofenfeste Schale mit einem Rand von 1–1½ cm Höhe (er darf allerdings nicht höher als der Rand der Ofenform sein) bereitstellen. Eine dünne Schicht Räucherspäne auf dem Boden der großen Ofenform ausbreiten und dann die kleinere Schale daraufstellen.

2. Die Tomaten mit der Schnittfläche nach oben zusammen mit dem Knoblauch, den Kräutern und dem Zitronenabrieb in die kleinere Schale legen. Mit dem Salz bestreuen und etwas Rapsöl darüberträufeln. Die Ofenformen mit Alufolie abdecken und auf den Grill stellen. Nach ein paar Minuten sollten die Späne beginnen zu rauchen und der Rauch unter der Folie herausdringen (geschieht dies nicht, die Folie an einer Ecke etwas aufklappen, um zu prüfen, ob es raucht). Ist dies der Fall, die Ofenform vom Grill nehmen und für ein paar Minuten beiseitestellen. Diese Prozedur 3–4 Mal wiederholen. Schließlich die Folie entfernen und prüfen, ob die Tomaten und das Öl dunkler geworden sind. Andernfalls die beschriebene Technik ein paar weitere Male anwenden.

3. Die Tomaten in ein sterilisiertes Glas geben, das übrige Öl darübergießen und das Glas verschließen. Die Zwiebeln unmittelbar vor dem Servieren nach Belieben kurz in etwas Öl anbraten – so werden sie erhitzt und die Aromen verstärkt.

FERMENTIERTE BRUT-ZWIEBELCHEN

250 g Brutzwiebelchen
10 g Salz, nicht jodiert
2 EL helles Basiskimchi (optional, Seite 164)
1 kleines Stück Strunk von 1 Chinakohl
    oder Weißkohl (20–30 g)

1. Die äußeren Häutchen der Brutzwiebelchen entfernen, dann die einzelnen Brutzwiebelchen herauslösen und in eine Schüssel geben.
2. 200 ml Wasser zum Kochen bringen. Das Salz hineingeben und rühren, bis es sich vollständig aufgelöst hat. Abkühlen lassen und über die Brutzwiebelchen gießen. Nach Belieben das Basiskimchi dazugeben – es gibt dem Gericht eine schöne Würze.
3. Das Strunkstück in ein sterilisiertes Einmachglas von 1 l Fassungsvermögen mit Bügelverschluss geben und ein paar Löffel der Salzlake darübergeben. Die Brutzwiebelchen dazugeben, mit einem Löffel leicht festdrücken und mit Salzlake auffüllen. Die Brutzwiebelchen damit bedecken, aber 1–2 cm Luft bis zum Glasrand lassen.
4. Etwas Wasser in einen Plastikbeutel gießen, diesen verknoten und zum Beschweren obenauf legen. Das Glas verschließen und in einem Plastikbeutel auf ein Tablett stellen, da eine Menge Flüssigkeit austreten wird (darauf achten, den Beutel oben nicht zu verschließen). Das Glas bei Zimmertemperatur 4–5 Tage stehen lassen.
5. Die Brutzwiebelchen für mindestens 2 Wochen in den Kühlschrank stellen, damit die Aromen Gelegenheit haben, sich zu entwickeln. Sie werden mit der Zeit immer besser.

GESÄUERTER KNOBLAUCH **Bei manchen Zwiebelsorten bilden sich die Brutzwiebeln über der Erde. Wenn Sie keine Brutzwiebeln bekommen können, verwenden Sie einfach Knoblauch stattdessen. Das Prinzip ist dasselbe.**

IN WHISKY EINGELEGTE SENFSAMEN

4 EL Senfsamen, möglichst gelbe
    und braune gemischt
100 ml Apfelessig
90 g Rohrzucker
3 EL Whisky
1 TL Salz

1. Die Senfsamen in leicht gesalzenem Wasser aufkochen. Die Temperatur reduzieren und die Samen 40–60 Minuten leicht köcheln lassen, bis sie ganz weich sind. Das Wasser durch ein Sieb abgießen.
2. Den Essig, den Zucker, 100 ml Wasser, den Whisky, das Salz und die Senfsamen zum Kochen bringen. Rühren, bis der Zucker sich aufgelöst hat. Den Topf vom Herd nehmen und abkühlen lassen.
3. In ein sterilisiertes Einmachglas füllen und im Kühlschrank aufbewahren.

EINGELEGTE PERLZWIEBELN – SCHNELL GEMACHT

12 Perlzwiebeln
1 EL grobes Meersalz

Sud
100 ml Weißweinessig
90 g Rohrzucker
2 TL schwarze Pfefferkörner
2 TL Koriandersamen

1. Die Zwiebeln abziehen und am Lauchansatz kreuzweise einschneiden. 1½ l Wasser mit dem Salz zum Kochen bringen, die Zwiebeln hineingeben und 8–10 Minuten kochen. Die Zwiebeln in ein Sieb abgießen und kalt abspülen. Beiseitestellen.
2. Den Essig, den Zucker, 100 ml Wasser, den Pfeffer und die Koriandersamen in einem Topf vermengen und bei mittlerer Temperatur erhitzen. Aufkochen und unter Rühren etwa 2 Minuten kochen lassen, bis der Zucker sich vollständig aufgelöst hat.
3. Die Zwiebeln in ein sterilisiertes Einmachglas geben und den heißen Sud darübergießen. Abkühlen lassen, verschließen und für mindestens 1 Stunde kalt stellen.

EINGELEGTE BÄRLAUCH-FRÜCHTE

500 g Bärlauchfrüchte
500 g grobes Meersalz
300–400 ml Champagneressig,
    alternativ Weißweinessig

1. Die Bärlauchfrüchte nah am Fruchtstand abknipsen. Die Früchte zusammen mit dem Salz in ein sterilisiertes Einmachglas geben und sorgfältig vermengen. Das Glas verschließen und mindestens 4 Wochen kühl und dunkel lagern.
2. Die Früchte in ein Sieb geben und das Salz sorgfältig mit kaltem Wasser abspülen. Die Beeren sind inzwischen selbst salzig.
3. Die Bärlauchfrüchte in ein sterilisiertes Einmachglas geben und mit dem Essig so weit aufgießen, dass sie vollständig bedeckt sind. Für mindestens 1 Woche in den Kühlschrank stellen.

REGISTER

Danke!

Nicola, Anton und Ellie, meine Familie, die mich unterstützt, aufmuntert und meine Kochbuchabenteuer erträgt. Ihr seid mein Ein und Alles, und genau das gibt mir eine Extraportion Durchhaltevermögen.

Oma Birgith, Oma Siri und Mama Lena. Mein Interesse am Essen stammt aus der Zeit, die ich mit euch in der Küche verbracht habe. Dort habe ich Düfte eingesogen, zugehört, abgeschmeckt, dort hat alles angefangen. Papa, weil du uns in unserer Kindheit und Jugend auf Reisen und zu Abenteuern mitgenommen hast, bei denen das Essen oft im Mittelpunkt stand. Sie alle, die schönen wie die weniger schönen, haben ihre Spuren hinterlassen und dienen mir immer noch als Inspiration. Meinem Bruder und meiner Schwester für all die Motivation und euer ehrliches Interesse an allem, was von mir kommt.

Küchenfreunde! Alexander, du bist der Freund, der mich mit geräucherten Tomaten bekannt gemacht hat und dem das beste Rezept für die unfassbar guten Tortillas auf Seite 46 zu verdanken ist. Victoria, beste Küchenfreundin und stetige Resonanz. Antonio, für all die Gespräche und die Inspiration, und dafür, dass du die schwere Tortillapresse aus den USA bis hierher mitgeschleppt hast. Pelle, für deinen Scharfsinn, deine Neugier und deine Unterstützung auf meiner kulinarischen Reise. Matti, weil du immer zur Stelle bist und jede Feier zu etwas Außerordentlichem machst. Victor, für deine Unterstützung zu jeder Tages- und Nachtzeit, für deine zwei helfenden Hände, wenn es in der Küche mal eng wird, und für das Ingangsetzen des Ideenkarussells, das nach und nach zur gelben Tomatensauce auf Seite 164 wurde.

Ola und Sebbe vom »Saltimporten«, wie oft habe ich schon eure Gerichte genossen, ich werde ihrer einfach nie überdrüssig. Ich bin so froh, an eurer Inspiration und eurem Können teilhaben zu dürfen, und für das Lauchrezept auf Seite 67 bin ich euch zu größtem Dank verpflichtet. An die Stadtgärtnerei »Los Perros« und den Biohof »Bokeslundsgården«, für euren unermüdlichen Einsatz und das herrliche Gemüse, das großenteils die Bilder im Buch ziert. Love, für die Gespräche über Drinks und Cocktails und dafür, dass du mir das Rezept für den köstlichen Drink auf Seite 85 überlassen hast. Alex und Øystein von der Firma »Midsummer hotsauces«, weil ihr das, was ihr tut, so unverschämt gut macht und weil ihr mir das tabascohafte Rezept auf Seite 175 verraten habt. Martin und Didrik von der Bäckerei »Leve« für die gemütlichen Pizzarunden und den besten Pizzateig auf Seite 120. An das Hotel »Varvstaden«, weil wir eure wunderschönen Räumlichkeiten für unseren Pizzaabend benutzen durften, und an all diejenigen, die als »Pizzastatisten« ausgeholfen haben. Ich liebe euch!

An das Team von meinem Verlag Bonnier Fakta. Eva, weil du mir eine Chance gegeben hast und für dein unglaubliches Fingerspitzengefühl. Thomas, weil du meine Schreibblockaden lösen kannst und alles im Griff hast. Li und Katy, für das schöne Layout und die reizenden Gouache-Illustrationen.

Und Oskar natürlich, weil du es aushältst, ständige Rettungsleine für meine Ängste zu sein, und weil du so coole Fotos machst.

Seid umarmt!